僕のたべもの日記

麻生要一郎

365

1/1

晴れ

1年の始まり。今年はどんな年になるのだろうか。元日の朝だけ1年で唯一〝コーヒーとパン〟ではなく、お雑煮を食べる。わが家のお雑煮は、だし汁にほんの少しのしょうゆとみりんを加えた関東風。具材は鶏肉、大根、金時にんじん、ごぼう、青菜（この日はあぶら菜）、そこへ焼いた餅となるとをのせ、ゆず、三つ葉を散らす。

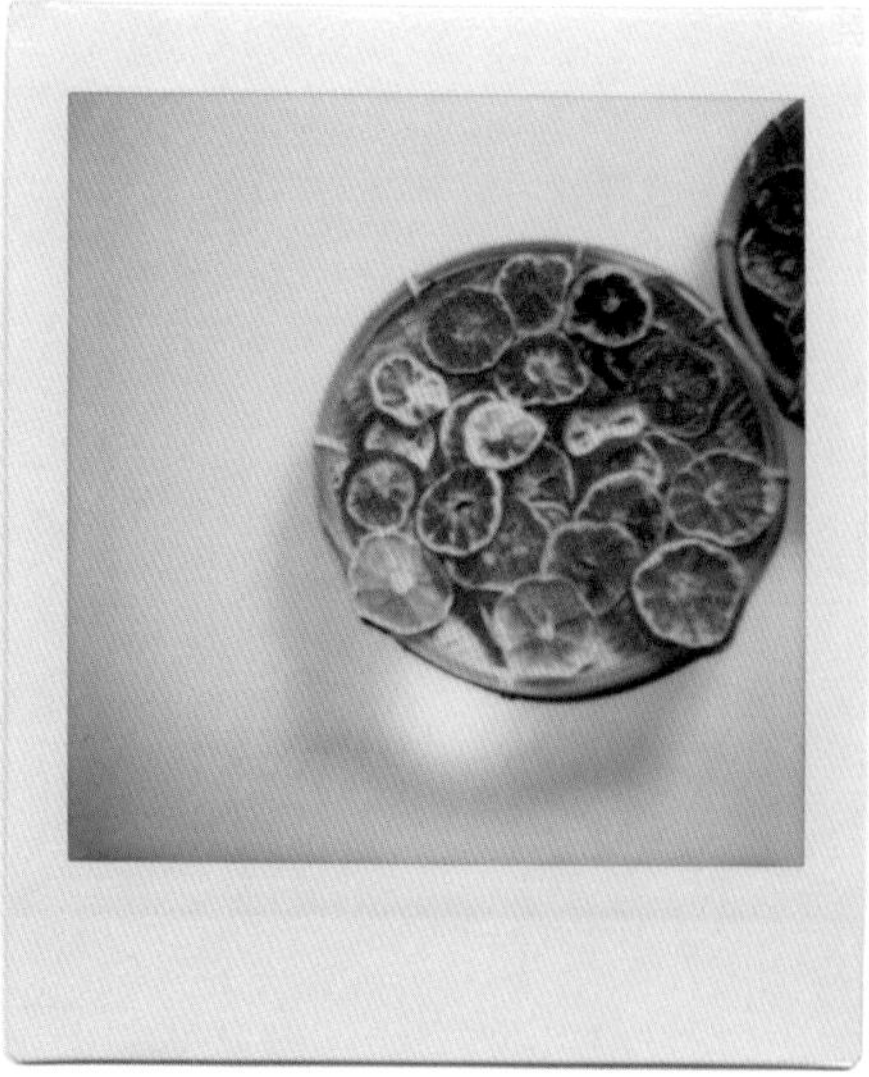

はじめてのチェキ
難しい……。

1/2

くもりのち晴れ

わが家の正月休みは元日だけ。2日からは店(HADEN BOOKS:)を営業し、今年は年始の特別メニューで「おしるこ」を提供することにした。甘味どころで出すような素朴なものが好きだけれど、提供の仕方を考えたら飲みやすいほうがいい。そこで試行錯誤の末、アールグレイ(紅茶)とこしあんを合わせた、すっきりした飲み口のおしるこにし、アクセントとしてセミドライのみかんを添えた。

今日はそのドライみかんを作るため、低温のオーブンでひたすら焼き続けた。

1/3

晴れ

初詣にひとり、深川不動堂。参道入口の「伊勢屋」で和菓子を買うのも、ここへ来る楽しみのひとつ。今日は赤飯も買ってみた。参道側の惣菜コーナーの佇まいもよい。こだわりを並べ立てた繊細すぎるものより、ごく普通な和菓子が僕は好き。

元日にしか食べないからすでに余りそうな餅を、今夜はグラタンっぽく、チーズをのせて焼いて食べてみた。

1/4

晴れ

ロンドンにいる友人から、年をまたいでクリスマスプレゼントが届いた。彼女の近況を思いながら、ありがたくいただく。何か日本のものを贈ろうかなあと考える。彼女がわが家にごはんを食べにくるとき、リクエストされるのは決まって「なす料理」だった。「イギリスのなすはまずい」と言っていたけれど、なすを贈るわけにもいかないし。

なすのみそ炒め

●材料（2人分）なす 4本／砂糖 大さじ2／みそ 大さじ1／酒 大さじ1／ごま油 適量 ●作り方 なすはひと口大に切る。フライパンにごま油を熱し、なすを中火で炒める。油がなくなったら少量足し、なすがしんなりしたら砂糖を加え、みそと酒も加えて味を調える。

1/5

晴れのちくもり

ふんわりとした、少し甘みのあるホイップバターが好きだ。子供のころ、地元駅前の細長いビルの2階にビストロがあり、母に連れられていくと、バゲットと一緒にホイップバターが供された。僕はその組み合わせが好きだった。その味の記憶なのか時折、無性に食べたくなる。

これは「浅野屋」のもの。子供のころ、両親と軽井沢へ出かけると必ず立ち寄った浅野屋は、思い出の場所。パン屋の奥にあるレストランも暖炉があったりして、なんだか特別な感じがした。しばらく行っていないけれど、今はどんな感じになっているのだろう。

1/6

くもりのち雪

お好みソース 使いきれるかな？

年始に買った縞アジの柵があったので、適当な大きさに切ってフライにした。キャベツと大葉のせん切りを一緒に。広島出身の友人から寄贈されたお好みソース（大福ソース）をつけて食べた。一升瓶サイズのお好みソースは、４本の保存瓶に分けて冷蔵庫に入れているのだけど、まだ１本目もほとんど減っていない。今年のうちに使いきれるかな。お好みソースを使ったメニューを極めないといけないような気持ちになっている。

1/7

晴れ

午後、雑誌の取材を受け、ついついしゃべりすぎて疲れてしまった。

買いものもせず、家に帰って冷蔵庫をガサガサしてみると、すっかり忘れかけていた塩豚があったので、野菜室の整理も兼ねてポトフを作る。とにかくなんでも鍋に放り込んでしまえば完成するので、疲れた日にはありがたいメニューである。

1/8

晴れ

夜、以前から気になっていた、新宿御苑前の「カスミストア」というビストロへ出かける。ワインにこだわった店、僕は下戸なのでこういうところへ来ると少し肩身がせまいのだけど、ぶどうジュースがあったのでお願いした。店主夫妻はひたむきに自分の仕事に専念し、客との距離感もちょうどいい。

なぜこの店が気になったかというと、僕の出身地である茨城県には「カスミ」というスーパーがあり、子供のころから「カスミストア」と呼んで、その名前に妙な親しみがあったからだ。帰りがけ、店名の由来をうかがってみると「かすみ草」とのことだった。かすみ草のような存在であれたらという思いが、言葉ではなく、伝わってくる雰囲気と合致していて、なるほど、とうなずきながら気持ちよく店をあとにした。

1/9

晴れのちくもり

昨夜は外食だったので、冷蔵庫の残りものを片づけながら「あっさりしたものにしよう」とメニューを考える。餅がまだ余っていたから、お雑煮を作る。いろいろな葉ものをチヂミにして、さつまいもはグラタンにした。卵もたくさん届いたので、百合根と余っていたかまぼこでシンプルな茶碗蒸しにする。

葉もののチヂミ

●材料（2人分）余っていた葉もの（春菊・にら・ルッコラなど）合わせて150g／A（薄力粉 大さじ4、片栗粉 大さじ3、塩 小さじ1）／水150mℓ／ごま油 大さじ1 **●作り方** 葉ものはざく切りにする。ボウルにAと水を入れてよく混ぜ、葉ものを加えてさっくり混ぜ、生地を作る。フライパンにごま油を熱し、生地の両面を中火でこんがりと焼く。

1／10

くもり

成人の日を迎えたのは、ついこの間だったような……と言ったら叱られるかもしれないが、そんな若さあふれる成人の日の晩ごはんは、ちょっと前に平磯の干物屋さんで買ってきた鮭の干物、そして、酒かすをたくさん入れたかす汁。だしと酒かすで十分に味が立つけれど、風味づけにみそを加えた。あとは、あさつきのぬた、揚げ出し豆腐。

なんだかいつにも増して渋さあふれる、年季の入ったような食卓になってしまった。

ウロウロしても
メニューが
思い浮かばない。

1/11

雨

マンションの上と下の部屋を移動しただけで、1日が終わってしまった。冷蔵庫を開けて眺めても、考えても、逆立ちしても（できないけど）、メニューが思いつかない。外食をしたい気分でもなく、家人を迎えにいきながら、一緒に買いものに出かけた。

麻布十番の「ナニワヤ」に寄って店内をウロウロしてもなお、思い浮かばなかったのだけど、結局、美味しそうな牛肉と豚肉でしゃぶしゃぶにすることにした。冷蔵庫内で半端に余っていた鶏肉も薄く切って、春雨、豆腐、野菜はほうれん草とねぎ、せりを用意した。鍋に昆布と水を入れて沸かしたら、あとはご随意。自家製のポン酢とごまだれ。最後のシメには半田そうめんを入れて、卵でとじた。

1/12

晴れ

今日は今年はじめてのお弁当の仕事。朝からアシスタントのしのちゃんに手伝いにきてもらい、食材を詰めていく。以前はこの作業をひとりでやっていたけれど、今ではしのちゃんの手際がいいので、本当に助けられている。お弁当の仕事のときは、ごはんが足りなくなると困ると思って、いつもたくさん炊いてしまって余りがち。今晩はドリアという気分でもなく、梅干しを中に入れて、しょうゆ味の焼きおにぎりにしてみた。

1/13

晴れ

「大寅」の練りものセットを送ってもらった。練りものがたくさん入ったおでんは美味しいけれど、どうしても食べ飽きてしまう。そこで小出しに作ろうと、雪平鍋にだし汁を入れ、大根と3色だんご、だしがらの昆布、お弁当用の余った卵焼き、小松菜を煮た。薄味なので、ゆずこしょうで風味づけをする。

大根の皮はむくたびにとっておき、はちみつに漬けている。1日くらい放っておけば、大根の皮の水分とはちみつが塩梅よくなじみ、箸休めにちょうどいい。漬け汁も体によさそうなので、いつもごくごく飲んでしまう。

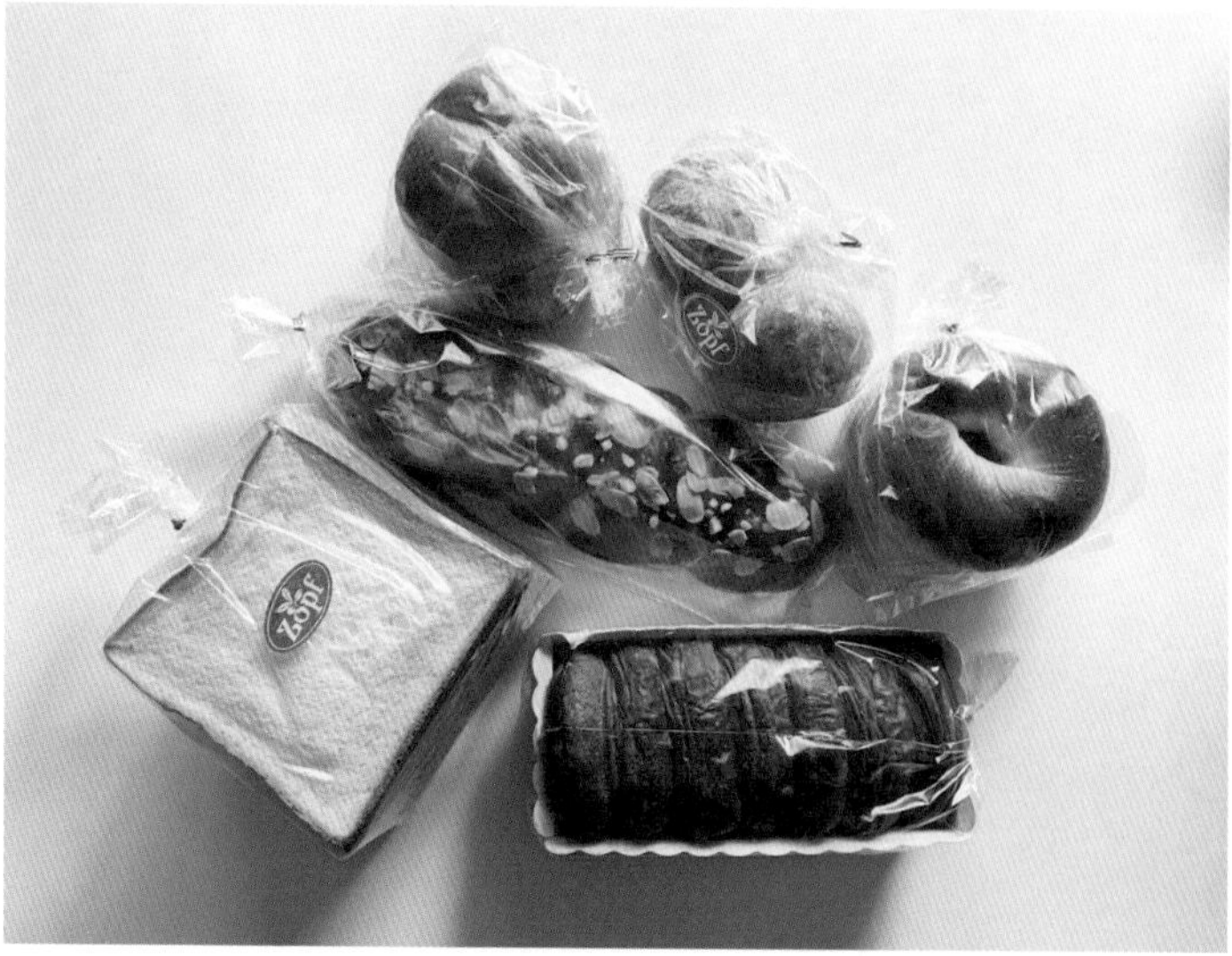

1/14

晴れ

「Zopf」は好きなパン屋さんだけれど、なかなか行けないし、たどり着いてもタイミングが悪ければ何も買えない、ということもあるから、毎月決まった日に通販をしてくれるのはありがたい。詰め合わせではなく、たくさんあるメニューのなかから好きなものを選んで注文することもできる。配送時にはパンの大きさに合わせて仕切りを入れてくれるなど、パンがつぶれないように、という心遣いが伝わってくる。宅配便で揺られて届いたというのに、店に並んでいる姿となんら変わらない佇まいだった。

さっそくバターロールを、バルミューダのトースターで温めて食べた。またお願いしよう。

美雨ちゃんが撮ってくれた1枚。

1/15

くもり

今夜は少し早い誕生日会。以前から行ってみたかった白金の「ロッツォシチリア」を美雨ちゃんが予約してくれて、みんなでテーブルを囲んだ。とても幸せな時間で、あとから送られてきた自分の写真を見たら、本当にうれしそうな顔をしていた。
ホタテのフライが1粒、野菜と一緒に皿にのせられて出てきた。自分だったらうず高く積み重ねちゃうなあ。外食のよさと、おうちごはんのよさがある。

1/16

晴れ

マンション内を上下しただけで、どこへも出かけなかった日曜日。晩ごはんを作ろうと冷蔵庫を開けると、ひき肉が残っていることに気づいて肉だんごを作った。味つけは、ふだんはあまりやらない甘酢あん。なかなか美味しくできたのではないかな。

甘酢あん

●**材料**（作りやすい分量）玉ねぎ½個／ピーマン 2個／ブロッコリー 1株／調味料（酢 大さじ2、水 100㎖、砂糖 大さじ2、しょうゆ 小さじ1、酒 大さじ1、片栗粉 大さじ½）／サラダ油 適量 ●**作り方** 玉ねぎはくし形に、ピーマンは食べやすく切る。ブロッコリーは小房に分けてゆでる。フライパンに油を熱し、玉ねぎを中火で軽く炒め（＊）、ブロッコリー、ピーマン、調味料を加えてひと煮立ちさせる。※肉だんごは＊の段階で加えて味をなじませる。

1/17

くもり

夜、HADEN BOOKS: からの帰り道――「紀ノ国屋」に寄り「ナチュラルハウス」にも寄る。家人と合流して家の近所の「成城石井」、さらにほかのスーパーにまで寄ってから帰宅したというのに、買いもの袋がふくれただけで、何を作るかはまったく頭に浮かばず……。結局、冷蔵庫の中にあった豚肉（ロースの小さなかたまり）を焼いて晩ごはんにした。

1/18

晴れ

誕生日を迎え、またひとつ歳を重ねた。食卓には早咲きのチューリップを飾った。

夜、家人としのちゃんと四ツ谷の「ラメーラ」へ行って乾杯。気づいたら、亡くなった父よりも歳上になっている。当時の僕には、父はずいぶんと大人に見えていたけれど、心の内はどうだったのかなあ。責任もたくさん背負って大変だったよね。あの日の父と今の僕で、寿司屋のカウンターに並んで話をしてみたい。

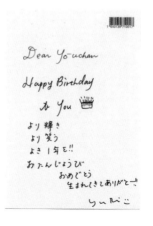

みんなの料理。いい夜でした。

1/19

晴れ

DEE'S HALLで誕生日会。オーナーの典美さんが用意してくれたクスクスと、フライドポテトがとても美味しかった。連日忙しくさせてしまっているしのちゃんも、美味しいおつまみを作ってきてくれた。森くんからはエレガントなケーキ。心がゆるんだ夜だった。みんな、ありがとう。

1/20

晴れ

マンションの上と下を
行ったり来たりしただけの日。
ブリの刺身と、タラの白子のお椀。

1/21

晴れ

好きな書店の棚に自著（僕のいたわり飯）が置いてあるのは、うれしいものだ。池袋のジュンク堂書店へ行き、自分の本が面陳されている様子を眺める。

寒い日にウロウロしたのですっかり冷えて、今夜のごはんはどうしようかと、池袋西武の地下へもぐる。楽しいけれどとにかく広いので、何がなんだかわからなくなり、結局そのまま家路へ……。

土鍋に冷蔵庫の余りものを入れ、だしを注ぎ、中途半端に残っていたカレーの素を加え、簡単カレー鍋にした。美味しいのか美味しくないのか自分でもよくわからなかったけれど、体は温まったので、まあよしとする。

1/22

晴れのちくもり

今日もバタバタと忙しかった。
買ってきたシュウマイに、
牛肉の余りとねぎで作った肉うどん。
やる気スイッチが入らない日であった。

1/23

くもりのち雨

父の命日。あの夜、みかんをむいて食べているときに父が亡くなったので、みかんを普通にむいて食べると何かよくないことが起こりそうな気がして、包丁で半分に切ってから食べるか、ミキサーでジュースにして飲むようになった。

倉敷にお住まいの読者の方から「大寒卵」をいただく。淡い色をした黄身の、やさしい佇まい。せっかくだから、卵かけごはんにしてみた。ほんの少しのしょうゆを垂らし、ごはんには「菌ちゃんげんきっこ」をたくさんかけて一緒に食べるのが、僕は好き。

1/24

くもりのち晴れ

日持ちするのでまとめ買いしたはいいけれど、冷蔵庫の奥でスペースをとっていた、盛岡「東家」のわんこそばをゆでる。わざわざ取り寄せたのではなく、スーパーに並んでいるのを家人が選んだのだった。

百合根と小エビをかき揚げにし、ちくわ、スナップエンドウも揚げた。冷蔵庫の余りものを消化するのにも、天ぷらはちょうどいい。

1/25

晴れのち雨

気づけば日が暮れていた。ＢＳの『必殺仕事人』をぼんやりと見ながら、一通の手紙を書き終える。

昨日すべり込んだ小田急ハルクで半額になっていたカニのほぐし身と、ホタテ、ハマグリを使ってごはんを作る。カニはカニ玉に、ハマグリは菜の花と合わせて煮麺に、ホタテはシチリアのオリーブオイルとレモンをかけてカルパッチョに。半額セールのありがたみ。

1/26

雨のち晴れ

今夜は森くんがやってきた。
梅酢風味の鶏の唐揚げ、
カレイの煮つけなどなど。
彼はいつも魚の煮つけをほめてくれる。
ごはんをおかわりしてくれて、
うれしかった。

カレイの煮つけ

●材料（4人分） カレイ（切り身）4枚／調味料（砂糖 大さじ3、しょうゆ 大さじ2、みりん 小さじ1）／酒 適量 **●作り方** フライパンに酒を1cmほど（カレイを入れたときにかぶる程度）注ぎ、弱火でひと煮立ちさせる。カレイを入れて再びひと煮立ちさせ、調味料を加えて全体に火が通るまで煮る（水分がなくなりそうになったら酒を足し、焦げないように注意）。

1/27

くもり

自著にサインをしていたら、家人が「麻婆豆腐が食べたくなった」と言う。麻生の「麻」から連想したらしい……。

先日、美味しそうだなあと思って買っておいたじゃがいもを、せいろで蒸した。メインが麻婆豆腐のように味が濃いメニューのときは、ほかはできるだけ素材を生かしたものがよいと思う。レストランは1品1品を美味しく仕上げないといけないけれど、おうちごはんのよいところは、味つけしなくたっていいという点にある。

1/28

くもりのち晴れ

塩とわさびで
食べる
ステーキが
好き。

人形町の「日山」で
美味しそうな牛肉を買ってきたので、
夜はステーキ。
使いきりたい牛乳もあったから、
グラタンドフィノアも作った。
塩もみしたにんじんは、
オリーブオイルとレモンで
さっぱりと味つけて。

1/29

くもりのち晴れ

ちょっとほっとすることがあって、やれやれと思いながら、冷蔵庫の余りものをかき集めてシチューを作る。使いきってしまいたいトマトのペーストがあったので、トマト風味に仕上げた。カキと余りごはんでリゾットを作り、トマトとアボカドとマグロでポキを作る。わが家では最近、冷ややっこを塩とオリーブオイルで食べている。オリーブオイルは青くさい感じのものが好み。

1／30

くもり

疲れた心と体を引きずって、新宿の世界堂まで用事に出かける。

晩ごはんを作る気力がまったくわかず、寿司の出前をとることにした。寿司は寿司屋で食べたい派なので、結果的には家で何か作ればよかったなあ、なんて思うけれど、楽することも人生には必要なのだ。

1/31

晴れ

菜飯が好きだ。大根の葉っぱをよく洗い、ゆでてから刻み、ごはんに混ぜるだけ。たったそれだけのことなのに、やたらと美味しく感じてしまう。姉の話に何度か出てくる豊橋の「菜飯田楽きく宗」にも、いつか行ってみたい。

伊勢丹に駆け込む夜。

2/1

晴れ

晩ごはんを何にしようか思い浮かばず。閉店間際の新宿伊勢丹へ駆け込んでウロウロしながら、割引になっていた「まい泉」のロースかつを買って帰り、玉ねぎと卵、自家製だしでかつ煮にする。三つ葉を忘れてひと味足りないけれど、まあそれもよし。「菌ちゃんふぁーむ」のにんじんがたくさんあったので、野菜サラダ用にドレッシングも作った。

にんじんドレッシング

●材料(作りやすい分量) にんじん 1本/酢 大さじ6/オリーブオイル 大さじ6/はちみつ 大さじ2/塩 大さじ½ ●作り方 すべての材料をミキサーに入れて撹拌する。保存容器に入れて冷蔵し、早めに食べきる。

2/2

晴れ

自著（僕の献立）でも紹介している「鱈の味噌マヨネーズ焼き」を、久しぶりに作ってみた。僕の留守中、美雨ちゃんが玄関先にぶら下げておいてくれた、ニセコ土産の納豆となめこも食卓に並べる。「きのこ王国」のなめこは、やさしくも力強さを感じる味わい。

2／3

晴れのちくもり

買いものに出ると、恵方巻きを求めて長い列ができていた。縁起ものである。家で巻くか、銀座「寿司幸」で買おうかとも思ったけれど、冷蔵庫の余りごはんを使いきりたい気持ちが勝り、結局ドリアを作った。鶏むね肉をそぎ切りにして、玉ねぎとコーン、小麦粉はなかったので米粉でホワイトソースを作る。小麦粉がなければ米粉、牛乳がなければ豆乳。なんでも応用するのが日々の家庭料理。

2/4

くもりのち晴れ

夕方、美雨ちゃんと待ち合わせ、表参道の「a Piece of Cake」でタルトタタンを食べる。ビターな味わい。加熱したりんごの美味しさが際立っていた。美雨ちゃんと娘のなまこちゃんは、パンケーキを分けっこしていた。
ふたりと別れ、人形町の「鳥忠」で焼き鳥を買って帰った。晩ごはんは、こんにゃくの炒め煮。仕上げにおかかをたっぷり加えるのが僕は好き。買ってきた焼き鳥もフライパンで温め直し、お椀を作ったら食卓は完成。

2/5

晴れ

❶「豚汁」を作る。具材は豚肉、大根、にんじん、ごぼう、里いも、お揚げ、大好きないもがら。いもがらは水に10分くらいひたしてもみ洗いし、鍋で2〜3回ゆでこぼしたら、ザルにあげて粗熱をとり、水けを絞る。僕は使わないぶんはそのまま冷蔵庫にしまって、数日で使いきっている。

❷「キャベツのチヂミ」を作る。丸ごと1個のキャベツをせん切りにし、米粉と片栗粉（4：1）を水で適当にのばしたシャバシャバな生地でまとめて、ごま油を引いたフライパンで焼く。美味しいけれど、貧相なお好み焼きのようでもある。

❸「葉玉ねぎの酢みそ和え」を作る。葉玉ねぎはゆでたら粗熱をとり、冷蔵庫で冷やして、みそと酢と砂糖で簡単に和える。

❶❷❸を並べて晩ごはん。

たまにはビストロへ。

2/6

晴れ

日曜は家人の仕事が19時までなので、以前から気になっていた、東麻布の「Bistro Chick」を訪ねてみた。すぐそばのスーパーに立ち寄るたび、いつもにぎわっているなあと思いながら、目をつけていたのである。食べたいと思わせるメニューの構成が上手で、料理の提供やサービスもテンポのいい店だった。外食は楽しいな。

2／7

晴れ

久しぶりに家人が休みなので、日本橋まで一緒に出かける。「室町砂場」で、おかめそばと焼き鳥重、ぜんざいを食べた。おかめそばは、やっぱり砂場が好き。焼き鳥重はふたを開けると、ごはんの上に焼き鳥、炒り卵、のりとねぎ。シンプルだけれど美味しかった。今度、真似てみよう。

2/8

くもりのち晴れ

高齢の姉が股関節を骨折し、騒動の末、緊急入院することになった。（健康な人で）全治1カ月。コロナ禍で面会はいっさいできないそう。どうなってしまうのだろうか。ヨレヨレになりながら入院に必要なものを買い集めたあと、晩ごはんを作る気力もなく、家人と新大久保の韓国料理店へ。ガンガンにK-POPが流れていて、ふだんなら絶対に入らない店だけれど、今日はこんな感じがちょうどいい。砂肝の炒めものが美味しかった。

2／9

晴れのちくもり

昨日買いきれなかった
入院グッズをそろえたり、
入院手続きをしたりで忙しい1日。
帰宅して、買っておいたステーキ肉を焼く。
がんばらないといけないときは、
とにかく肉！

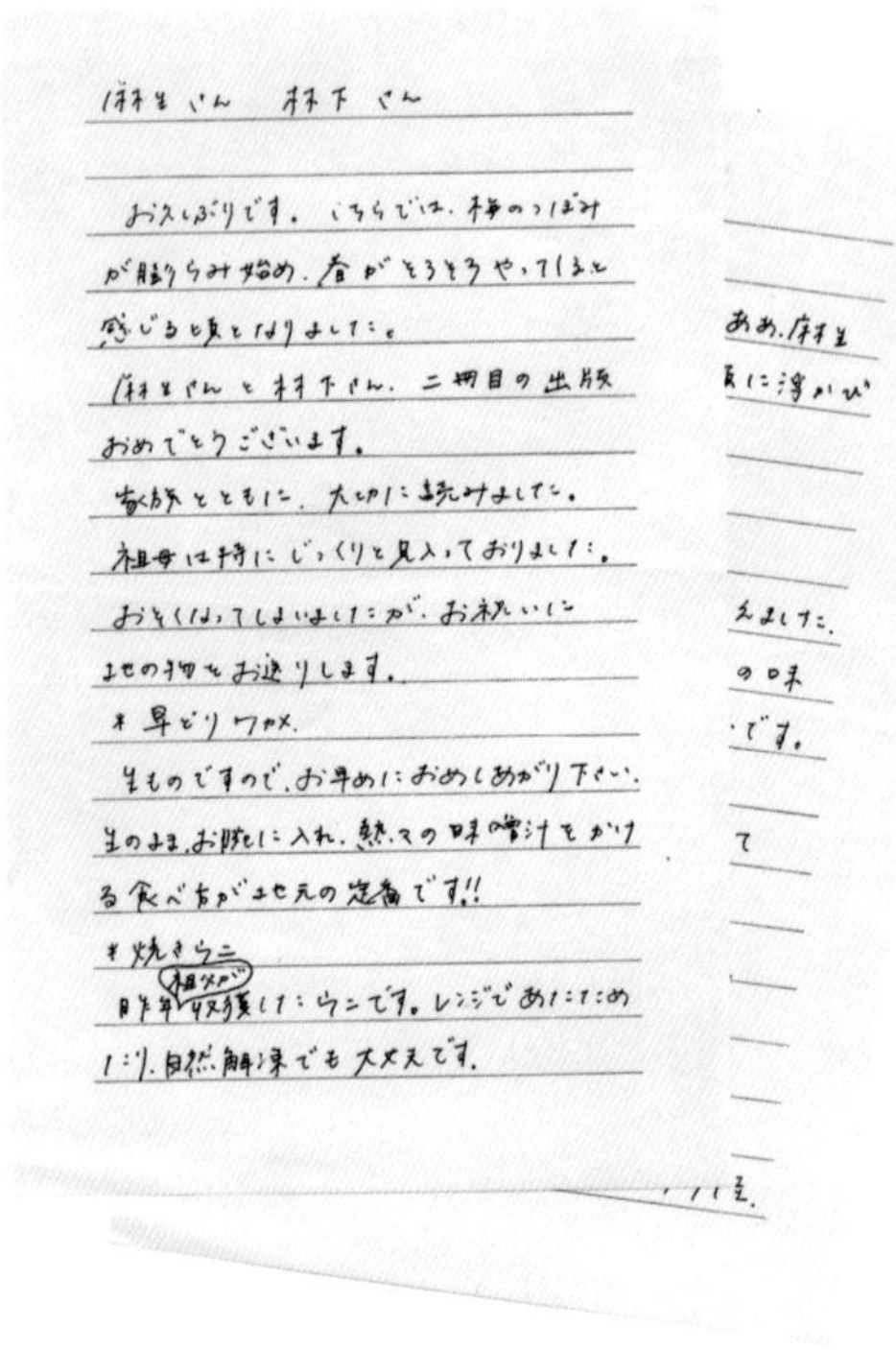
麻生さん　林下さん

お久しぶりです。こちらでは、梅のつぼみが膨らみ始め、春がそろそろやってくると感じる頃となりました。

麻生さんと林下さん、二冊目の出版おめでとうございます。

家族とともに、大切に読みました。

祖母は特にじっくりと見入っておりました。

おそくなってしまいましたが、お祝いに土地の物をお送りします。
＊早どりワカメ
生ものですので、お早めにおめしあがり下さい。

生のまま、お椀に入れ、熱々の味噌汁をかける食べ方が地元の定番です!!
＊焼きウニ
昨年祖父が収穫したウニです。レンジであたためたり、自然解凍でも大丈夫です。

2／10

雪か雨

年末までHADEN BOOKS:で働いてくれていた志田さんが、実家の大船渡から、焼きウニや早どりワカメを送ってくれた。同じタイミングで、盛岡のBOOK NERDに注文していた奥山淳志さんの動物の写文集が届く。遠く岩手に思いを馳せる。

寒いので鍋料理にしようか、でも結局、頭に浮かんだエビフライにした。広島の大福ソースと「mitosaya」のウスターソース、ふたつを交互につけながら。買っておいたマグロはぶつ切りにし、雷こんにゃくも作り、やっぱりもっと温かいメニューがよかったかな……と思ったことは確か。

2／11

晴れのち雨

姉の病院へ行く前、神田明神にお参りをして、参道の「三河屋綾部商店」で甘めの白みそと納豆を買う。その昔、このあたりから江戸城までの抜け道があったとか。今はどうなっているのかなあと、行くたび気になってしまう。ここまで来たのだからと「つる瀬」で白梅もなかも買う。入院中ならチョコレートよりはあんこのほうがいいかな、季節も感じてほしいと思って。姉のせん妄がひどく、現実とファンタジーが入り混じった電話が何度もかかってきて、ぐったりしてしまう。

　ごはんを作る気力もなくなって、冷蔵庫の鶏肉をさっと照り焼きにした。志田さんが送ってくれたワカメも軽く湯通ししてみそ汁にし、茎は炒めた。明日はどうなるやら、気が重い。なるようになるし、どうにかする。

2／12

くもりのち晴れ

今日はオーチャードホールで美雨ちゃんのシネマコンサート。主題歌を歌いながら登場した美雨ちゃんの美しい歌声に、うっとり癒されるひとときだった。

帰宅後、小エビと新玉ねぎをかき揚げにし、典美さんからもらった讃岐うどんをゆでて並べれば、釜揚げうどんの食卓が完成。

2／13

晴れのち雨

姉の病院へ行ったり、お弁当用の買い出しをしたりしていると、あっという間に夕方になってしまった。

家人は夜に予定があるようなので、今日は何も作らないと決め、新宿高島屋の「菊乃井」でお弁当を買って帰宅、愛猫のチョビと食べる。久しぶりにチョビとふたりで静かに過ごした。よく考えれば、もともとこの静かな時間が普通だったんだよな。

2/14

雪のち晴れ

昼からCat's ISSUEのイベントに家人と出かけ、友人も誘って白金のイタリアンでランチをした。この数年は毎日毎日、高齢の姉妹のお世話のために昼から数時間を過ごしていたから、そんなことがずいぶんと久しぶりでうれしかった。

張りきってたくさん食べたので、夜はあまりおなかがすかないまま、家の近くの中華屋さんへ。晩ごはんだけでも遠出したらよかったかなと思いつつ、近所のなんてことのない店で締めくくる休日もいいものだ。

あっさり
エビワンタン。

2／15

晴れ

メグちゃんの息子のコンちゃんが気に入ったという、ミートソースを作った。いつでも食べられるよう、鍋いっぱいに。

ミートソース

●**材料**（作りやすい分量）あいびき肉500g／A（玉ねぎ½個、にんじん1本、セロリ1本、しいたけ5個）／にんにく1かけ／トマト水煮1缶／ケチャップ大さじ1／ローリエ1枚／塩・こしょう各適量／オリーブオイル大さじ4 ●**作り方** Aとにんにくはみじん切りにする。フライパンにオリーブオイル大さじ2を熱し、Aを中火でしんなりするまで炒め、一度取り出す。フライパンにオリーブオイル大さじ2を入れ、にんにく、ひき肉を焼きつけるように炒める。すべてを鍋に移し、トマト水煮、ローリエを加えて煮込む。水分がなくなってきたらケチャップを加え、塩・こしょうで味を調える。

2／16

晴れ

高橋恭司さんの写真展へ行くと、
僕の今の心情に響く花の写真と出会った。
手元に届くのが楽しみだ、
美しいものはいいなあ。
夜は、サバのみりん干し、
高野豆腐とグリンピースの卵とじなど。

2/17

晴れ

典美さんが作ってくれた、南青山産夏みかんのマーマレードをパンに塗って、幸せな朝。午後からは、窓口じゃないとできない手続きをしに銀行へ出かけ、ひたすら待たされ続けて2時間くらい。

その後、姉の病院へ届けものをしにいき、帰りながら東武百貨店に寄る。古きよき百貨店の懐かしい空気がありながら、しっかりと活気もあって、このままずっと変わらないでほしいと願う。たまにしか来ない客の、勝手な願いではあるのだけど。

2/18

晴れ

書庫の片づけをしていると、古いレコード（梶芽衣子、ちあきなおみ、美空ひばり……）を発見したので、家人が喜ぶかなあとHADEN BOOKS:まで届ける。そのあと深川の「伊勢屋」でいなり寿司と和菓子、その近くのスーパーで魚を買って帰る。

晩ごはんは、小松菜のおひたし、稚貝のみそ汁のほか、イカと大根を煮て、煮豚に煮卵。気づけば煮たものばかりになっちゃった。

2／19

くもりのち雨

マンションの上と下の部屋以外、どこにも出かけず引きこもった1日。冷蔵庫の片づけを兼ねて筑前煮、余りごはんを使ってなめこともずくの雑炊、余っていたパンをパン粉にしてキハダマグロのフライを作った。

キハダマグロは何日か前に半額で買っていて、刺身としては食べごろが過ぎたもの。魚はいつも買ったあと、キッチンペーパーに包んで冷蔵庫に寝かせ、刺身の気分じゃなければ後日、フライ、唐揚げ、南蛮漬けなどに活用している。余りものならではの、今夜もなんだか不思議な組み合わせ。

2／20

雨のち晴れ

昨日は姉から「（病院に）甘酒を持ってきて」と言われたけれど、今朝の電話では「いらない」と言う……「チョコレートケーキが食べたい」と。慌てて支度をし、京王百貨店の「ユーハイム」でショコザーネを買って向かった。チョコレートの削り節みたいなものがのっているケーキ、子供のころによくあったなあと懐かしく思いながら。

夜は牛肉を焼き、ついでに芽キャベツも焼く。余っていたごはんは、にんにく、わずかに残っていたパセリと大葉を炒め合わせてガーリックライスに。菜の花は辛子和え。肉には大根おろしを添えて。

2/21

晴れ

天気は春のようで、まだまだ寒い。

家人と横浜へ向かう。「ウチキパン」に寄りたかったのだけど、月曜は定休日。伊勢佐木町の有隣堂本店に行くと『僕のいたわり飯』がしっかりと平積みされていてうれしかった。角田光代さんの本と便せんを買い「馬車道十番館」でお茶をする。子供のころ、生クリームが好きじゃなくて、ケーキはモンブランかチーズケーキしか食べられなかった。ちょっと疲れると、こういうケーキが無性に食べたくなる。

夜は、以前に連れてきてもらって美味しかった「李園」に入ったつもりが……「奇珍」に座っていた。店を間違えるなんて、よっぽど疲れているのかな。でも新たな発見、竹の子そば、海老春巻き、シュウマイがよかった。

2／22

晴れ

猫の日。Cat's ISSUEのメグちゃん×美雨ちゃんのインスタライブ会場へとお弁当を届ける。いつも手伝ってくれているしのちゃんは、お弁当を届けると、今度はCat's ISSUEのしのちゃんになってよく働いていた。楽屋で一緒にくつろぎ、始まる前に引き上げて家でインスタライブを見る。

夜は、お弁当用の鶏肉の残りを唐揚げにし、ほうれん草のごま和えや、うどのきんぴら、余ったごはんは大根の葉っぱを混ぜて菜飯にした。今日はよく働いた。

2/23

晴れ

病院にいる姉から「うなぎが食べたい（前川か尾花の）」と連絡があり、駒形の「前川」へ。自分の晩ごはん用にかば焼きも買ってから、病院へと向かう。届けたあとにかかってきた電話では、うなぎを食べたいと言ったことを記憶していないらしい……おい。

うなぎのかば焼き、ほうれん草のごま和え、手羽先とねぎを焼いて、ほかにシジミ汁など。美味しかったけれど、家で食べるうなぎはやっぱり白焼きがいいな。

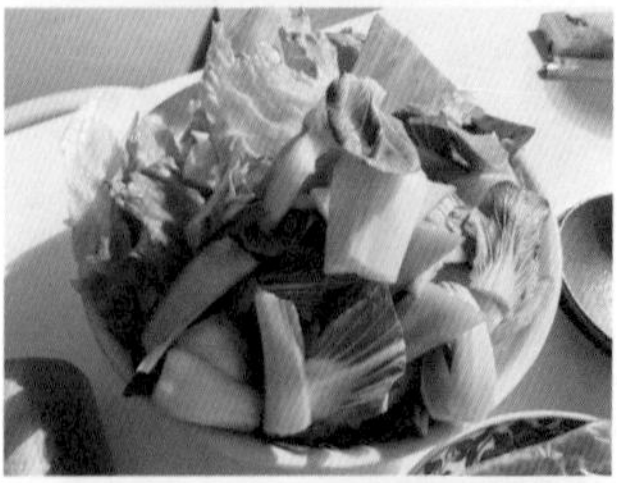

2/24

くもりのち晴れ

恋する豚のしゃぶしゃぶ。

「恋する豚研究所」から、しゃぶしゃぶ用の豚肉が届いた。レタスとチンゲン菜、春雨、豆腐、ねぎ。その日の気分、冷蔵庫にあるもので気軽なしゃぶしゃぶにする。ポン酢かごまだれは、お好みでどうぞ。

2／25

晴れ

冷蔵庫にあったひき肉でハンバーグを作る。2つはプレーン、2つはチーズをのせて。

ハンバーグ

●材料（2人分）あいびき肉 300g／玉ねぎ½個／にんじん⅓本／A（パン粉 大さじ2、溶き卵 1個分、牛乳 大さじ3、ナツメグ 小さじ1、塩・こしょう 各適量）／ケチャップ 大さじ3／ウスターソース 大さじ2／モッツァレラチーズ 適宜／サラダ油 適量 ●作り方 野菜はみじん切りにする。フライパンに油を熱し、玉ねぎが透き通るまで中火で野菜を炒め、粗熱をとる。ひき肉とともにボウルに入れ、Aを加えて粘りが出るまで混ぜる。4等分にして成形し、空気を抜く。フライパンに油を熱し、好みでチーズをのせて肉ダネを中弱火で焼く。焼けたら取り出し、ケチャップとソースを入れて弱火にかけ、よくなじませてハンバーグソースにする。

2／26

晴れ

余っていた
しゃぶしゃぶ用の豚肉を使って
サラダを作り、
タラの芽は天ぷらに、
ホッケは焼いて、
余りごはんは
あおさと一緒に雑炊にした。

2／27

晴れ

とっておきの鴨鍋。

今日は典美さんの誕生日会。最初は鴨鍋をメインに考えていたけれど、天気予報では暖かそうだし、春を感じてほしいなあといろいろ作る。

鴨鍋は濃いめのだしで、鴨肉、鴨つみれ、生麩、せり、焼いたねぎを入れた。あとは、たけのこごはん、牛ごぼう、春野菜のおひたし（空豆、アスパラガス、砂糖さや、インゲン）、カジキマグロの煮もの、カリフラワーのグラタン。喜んでもらえてうれしい。

2/28

晴れのちくもり

久しぶりに広い空が見たくなって、郷里の茨城へと向かう。今回は下妻の道の駅に寄り、併設する食堂の納豆定食を食べた。おなかいっぱいなまま道の駅で野菜や納豆を買い、ホームセンターを見てまわり、つくばでは毎度お決まりの〝ガソリンスタンドを改装したパン屋さん〟に寄った。

晩ごはんは回転寿司、といっても皿はまわっておらず、それを回転寿司というのか、なんなのか。夜の高速道路を走るのは、なんだかとても爽快な気持ち。

3／1

くもり

茨城の精肉店で買ってきておいた、厚切りの牛タンを焼いた。生ピーマンと一緒に食べるのもいい。『オレンジページ』で見た「春キャベツとベーコンの蒸し煮」も作り、あとは黒豆ごはんとスープ。

自分で採血して送るという健康診断の結果が届いていたので、ドキドキしながら開封してみる。思いのほか良好、うれしい拍子抜けだった。とにかく健康で、小さな課題は日々のなかで解決していこう。

土鍋で具だくさんほうとう。

3/2

晴れのち雨

久しぶりにお弁当の仕事。
しのちゃんに手伝ってもらいながら詰めた。
足りないものを買いに出かけたら
ほうとうが目に留まったので、
土鍋で煮て晩ごはんに。

3／3

くもりのち晴れ

幡ヶ谷の「喫茶 壁と卵」で、
ポークビンダルーカレーを食べる。
しっかりとした輪郭、
スパイスの刺激がありながらも、
やさしい仕上がり。

3/4

晴れのちくもり

姉の病院からの帰り道、池袋西武の地下で美味しそうな焼き豚を買った。焼き豚に合うのはなんだろうと考えながら、台所で冷蔵庫をガサガサ、余っていた鶏肉でスープをとる。引き上げた鶏肉は、きゅうりとザーサイ、しょうがで和える。生麺をゆで、しょうゆ風味のラーメンにした。焼き豚以外のトッピングは、メンマとワカメ、ゆで卵、小松菜、ねぎ。のりものせればよかったなあ。

3/5

晴れ

「eatrip soil」のフィッシュマーケットへ行く。店主の友里ちゃんの背中に声をかけようとしたら、ちょうど友里ちゃんから電話がかかってきて、ふたりでびっくり。先延ばしになっていた出版祝いを今晩しよう、ということになった。幡ヶ谷の「グルメ・ナカムラ」で肉を買って帰宅。唐揚げを急いで揚げ、友里ちゃんの家に向かう。

友里ちゃんが作ってくれたイカの炒めものも、たけのこやハマグリやホタルイカの入った具だくさんパエリアも、どれも本当に美味しかった。ごちそうさまでした。

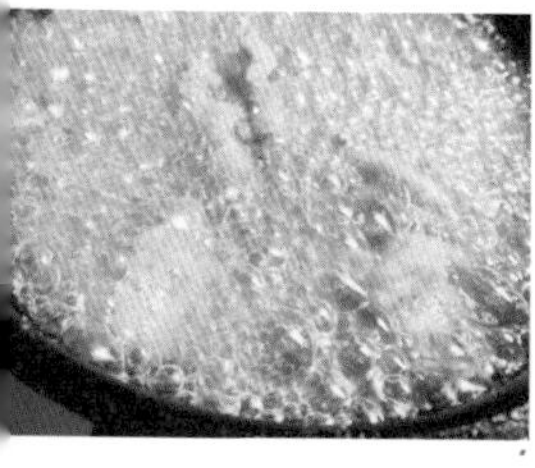

3／6

晴れ

以前からごはんを食べようと話していた、
沙知絵さんが家に来てくれた。
梅酢風味の唐揚げ、菜の花とお揚げの白和え、
カリフラワーのグラタン、
いろいろと作った。
お土産に持ってきてくれたいちご大福、
三鷹の「たいやきすえき」には
今度行ってみよう。

3/7

晴れのちくもり

「喫茶　壁と卵」へ行き、著書を納品したついでにガトーショコラとカレーを食べた。続いて「HORAIYA」では、あんこバターのサンド。食べてばっかりで、おなかがいっぱい。そのあと、久しぶりに二子玉川の高島屋へ出かける。母とよく来た思い出の場所。「明治屋」で母が好きだったパンを買って帰り道、学芸大学のTHE DAFFODILSで珍しいチューリップを選んだ。店主の加藤くんに明日はミモザの日だと教わり、その枝をもらった。

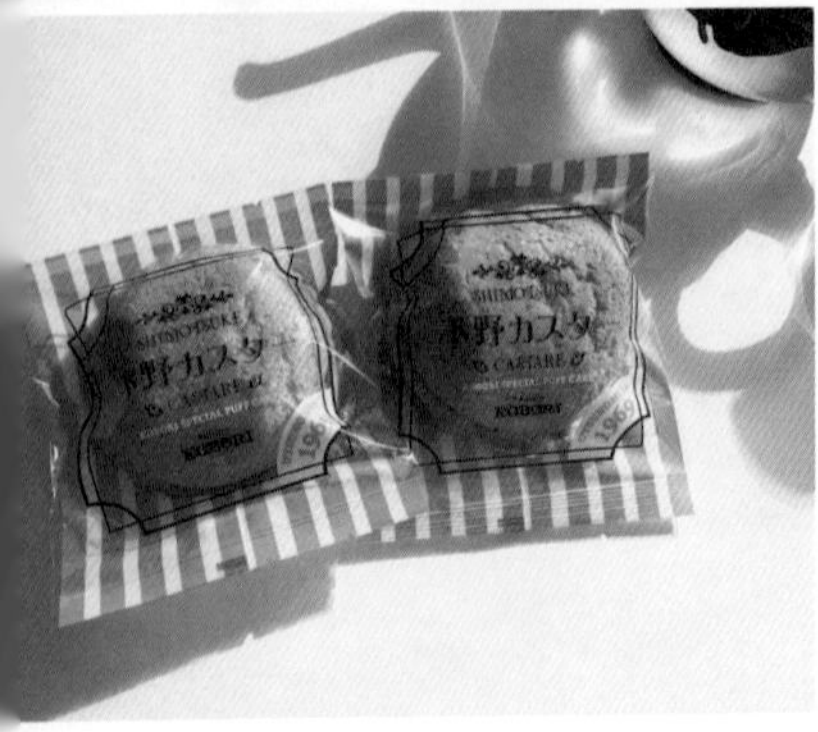

イワシとハマグリと
カスタードクリーム。

3/8

雨のちくもり

イワシをトマトと一緒にパン粉焼きにし、あとはハマグリのクラムチャウダー、ガーリックライス、パクチーのサラダ。どこにも出かけなかったから、冷蔵庫の中から吟味したにしては、上出来じゃないだろうか。

「LIKE LIKE KITCHEN」の小堀さんの実家のお菓子屋さんから取り寄せていた下野カスターが届いて、ずいぶん大きいなあと思いながらも、ペロリと食べてしまった。いつか宇都宮の店舗にも行ってみたい。

3／9

晴れのちくもり

立派な鮭のカマを焼き、
スナップエンドウは卵と炒めて、
あとはとろろなど。
時折、無性に鮭が食べたくなるのは
どうしてだろう？
焼き魚は断然、鮭かサバか柳カレイ。

3／10

晴れ

手羽元と大根と卵をすっぱく煮る。作り方は毎回バラバラだけれど、なぜかほとんど同じ味になる。カキは豆腐と一緒にお吸いものにし、ケールはベーコンと炒めて、余っていたサラミはサラダに使った。

手羽元と大根と卵の煮もの

●**材料**（2人分）鶏の手羽元 8本／大根 ⅓本／ゆで卵 4個／米の研ぎ汁 適量／酢 適量／しょうゆ 大さじ1／砂糖 大さじ1 ●**作り方** 大根は皮をむいて半月切りにし、米の研ぎ汁で下ゆでする（水に米粒を少量加えてゆでてもよい）。鶏肉は水けをよく拭く。鍋に大根と鶏肉を入れ、酢をひたひたに注いで中弱火にかける。沸いてきたらしょうゆと砂糖を加え、煮汁が半分ほどになったらゆで卵も加える。大根と鶏肉に味がしみたらできあがり。

3／11

晴れのちくもり

3・11。いろいろと思い出したり考えたりしたせいか、体調が優れなかった。震災のあの日、晩ごはんに何を食べたかまったく思い出せない。恵比寿から桜台までの道を歩いた。店が開いているような、閉まっているような、とにかく道路が混んでいた。途中、おなかがすいて「次に見えた吉野家に入ろう」と思っていたら、とっくに閉まっていた、そんなどうでもいい光景だけを覚えている。

晩ごはんは、明日のイベントに備えておにぎりの予行練習。練習しようが何をしようが、いつもゴロゴロした大きなおにぎりになってしまうのだけど……。

3／12

晴れ

断りきれなくて「おにぎり弁当」30個の依頼を受けてしまった……おにぎりを作るのは苦手なのになあ。具材は鮭と梅。そこに唐揚げ、卵焼き、みょうがの甘酢漬け。しのちゃんがいてくれて本当に助かった。配達したら疲れはててしまい、HADEN BOOKS:に寄ってコーヒーを1杯。

晩ごはんを作る気力はすっかりなくなって、中目黒「ビーフキッチン」へと向かう。久しぶりにユッケを食べて、いろいろな肉を楽しんだ。ナムルが薄味で、肉との相性がいい。疲れたときは、とにかく肉を食べる。

3/13

くもり

なんだか頭がすっきりしない日曜日。下北沢「KAISO」まで食パンを買いにいったものの、目当ての食パンは売り切れていて、結局スコーンを買って帰った。ザクザクしたものが食べたい気もしたから、まあいいか。

夜はブリの刺身と、先日「グルメ・ナカムラ」で購入していた牛肉を焼く。昨日のお弁当で卵焼きの切れ端が大量に出たから、かき菜と一緒にお吸いものにした。菜の花は辛子和えにして、余りごはんでもずく雑炊。

明日からまたがんばろう。

3／14

晴れ一時雨

「パン屋 塩見」に食パンを買いにいき、お隣にできた「FarmMart & Friends」をチラ見しようと思っていたところでばったり友人と会ったので、一緒に店内をのぞいた。近所に熱量の高い店ができるのはうれしい。

学芸大学まで足を延ばし、加藤くんの店で花を買ってから「OGAWA COFFEE LABORATORY 桜新町」へ。コーヒーを飲み終え、向かいのピザ屋さんで早めの晩ごはんを食べていると、姉が院内感染でコロナにかかり、東京女子医大へ救急搬送されるとの連絡。びっくりして、急いで病院へ向かった。

3/15

雨のち晴れ

『& Premium』の花特集の撮影日。束の間、撮影に集中していろいろな雑事を忘れる。夜は冷蔵庫の余りもので、鶏肉を焼いたり、豆乳スープを作ったり。集中力に欠けているから美味しくできなかった。そんな日もある、それも家庭の味だ。

領収証

麻生 様 R4年 3月 15日

¥ 2,495－

但し商品代として

上記の金額正に領収いたしました

東京ヤクルト販売株式会社

〒110-0016

東京都台東区台東2-19-9

お客さま相談センター 0120-8960-70

担当印

麻生 様

R4年 2月分 請求書兼明細書

	1	2	3	4	5	6	7	8
ヤクルト1000							7	
ヨーグルトS							7	

東京ヤクルト販売(株) 担当： エジリ

ヤクルトで元気ハツラツ。

3／16

くもりのち晴れ

姉のいる病院でiPad面会をした帰り、オープン初日だった「FarmMart & Friends」に寄り道。さらに青山のcallに寄って「ブーランジェリーヤマシタ」の丸パンを購入した。パンはいつも、食パンか丸パンばかり。
夜は疲れたので、近所の「根室花まる」で寿司をテイクアウトして、お弁当の残りあれこれを添えて簡単にすませた。

3／17

くもりのち雨

HADEN BOOKS:でコーヒーを飲んだあと、DEE'S HALLまで花瓶の展覧会を見にいく。メキシコの古いガラスの大きな花瓶にひと目ぼれ、わが家にお迎えした。
そのあと、姉の病院へと向かう。つらそうな様子を見たらなんだか力が抜けてしまって、夜は適当に作ったハッシュドポーク、あとは、ホタルイカと菜の花の酢みそ和え。

3／18

雨

今日は『クウネル』の器特集の撮影日。大事な器を紹介した。亡き母が愛用した丸皿。ザ・コンランショップで一緒に買ったけれど、あれからもう25年くらいたっているのか。

夜は美雨ちゃんがごはんを食べにきた。グラタン、唐揚げ、ボルシチ、菜の花の白和え、いろいろと作って楽しい食卓。帰り際、美雨ちゃんにチョビを吸ってもらう。

久しぶりに見た〝猫吸い〟の奥義に、チョビもちょっとびっくりして目を丸くしていた。チョビ、よかったね。

3／19

くもりのち雨

病院の帰り道に買い出しをする。
作る気力がわかず、
できあいのコロッケに春菊のサラダ、
冷蔵庫の余り野菜をどさっと入れたスープ、
ホタルイカとせりのリゾット
（というと聞こえはいいが、余りごはんです）。

3/20

晴れのちくもり

ビーツが残っていたのでボルシチを作った。ペンネのグラタン、サラダ……最近、なんだか洋風なものばかり作っている。

ボルシチ

●材料（2人分）牛すじ500g／ビーツ1個／玉ねぎ1個／セロリ1本／にんじん1本／じゃがいも2個／塩・こしょう各適量／ローリエ2枚／パセリ適宜／オリーブオイル大さじ2 **●作り方** 牛すじは洗って10分ゆで、再び洗って新しい水でゆでる。セロリの根、玉ねぎのヘタ、にんじんのヘタを加え、水を足しながら、肉がやわらかくなるまで弱火で2時間ほど煮込む。野菜は食べやすく切る。別の鍋にオリーブオイルを熱し、野菜をさっと炒める。牛すじを切り分けて加え、ローリエ、ゆで汁700㎖も加えて煮込む。野菜がやわらかくなったら塩・こしょうで味を調え、パセリを散らす。

3／21

くもり一時雨

姉の病院からの帰り道、
ハルちゃんとお茶をする。
新宿のルミネに入っている
ドライフルーツ屋さんで
ソフトクリームを食べて、ひと呼吸。

3/22

雨のちくもり

今日は家人が休み。僕も翌日に撮影やお弁当の仕事がないし、気分転換に出かけるチャンスだ。病院には「今日は行かない」と伝えておいた。チョビにも許可をいただいて、日帰りトリップすることにした。日帰りなので、現実的に名古屋へと向かう。

近鉄百貨店の地下をのぞき、インスタグラムでよく見かける「ボンボン」で懐かしい味わいのケーキを食べ、夜は「宮鍵」という、うなぎとかしわの店へ。地元で長年続く老舗に惹かれる僕は、大都市で店探しをする際「池波正太郎」を検索ワードにしている。宮鍵は老舗でありながら、気遅れさせない良心的な店だった。シメに親子丼とみそカツ丼も食べ、しっかりした輪郭のお吸いものに大満足。名古屋駅まで歩きながら夜の街を散策し、最終の新幹線で帰宅した。

3／23

くもりのち雨

冷蔵庫に余っていた鶏のひき肉とパクチーを包み、餃子にした。スープ仕立ての水餃子と、焼き餃子の両方。ほかには、焼きそば、トマトとパクチーのサラダも。

鶏肉とパクチーの餃子

●材料（2人分）鶏ひき肉 200g／パクチー 適量／ねぎ 適量／塩・こしょう 各適量／餃子の皮 適量 **●作り方** パクチーとねぎは刻み、ひき肉とともにボウルに入れる。塩・こしょうで味を調えながらよくもみ込み、餃子の皮で包む。※水餃子にする際は、鶏ガラスープの素で作った汁に餃子を入れ、刻んだねぎを散らし、ごま油と塩・こしょうで味を調える。

3／24

晴れ

お弁当の仕込みが忙しい1日だった。マグロの血合を食べると、元気になる気がする。

マグロの血合の煮もの

●材料（2人分）マグロの血合 300g／塩 適量／ねぎ 適量／調味料（酒 大さじ1、しょうゆ大さじ2、みりん 大さじ½、砂糖 大さじ½）／オリーブオイル 適量 ●作り方 マグロは塩を振り、キッチンペーパーで包む。中から水分が出てきたら食べやすく切り、水けをよく拭く。フライパンにオリーブオイルを熱し、マグロを中火で焼く。焼き目がついたら裏返して同様に焼き、調味料を入れてからめる（くさみが気になる場合は、しょうがを加えてもよい）。器に盛り、刻んだねぎを散らす。

3/25

晴れのちくもり

今日はお弁当作りの様子を撮影してもらった。はじめましての写真家さんだと思っていたら、以前、アシスタント時代にわが家へ来たことがあるという。なんだかとてもうれしい気持ち。笑いの絶えない、楽しい現場だった。その後、楽しい気分のまま買いものへ出かけるも、今晩のメニューはまったくひらめかず、肩ロースのかたまりだけを買って帰宅。切り分けて、自家製のパン粉でとんかつにした。レタスとパセリを細かく刻んで添え、大量の大根おろしとポン酢で食べる。家のとんかつに添えるのは、キャベツじゃなくてレタス派。軽いのがよい。

3／26

くもりのち雨

朝からしのちゃんと楽屋弁当作り。夕方からはその〝おお雨〟15周年記念ライブのため、草月ホールへと向かう。『よろこびあうことは』という歌に、混沌とした時代を照らす希望の光のようなものを感じた。おおはたさん、美雨ちゃん、あらためておめでとうございます。

仕事帰りの家人と合流し、六本木「PST」でピザを食べ、満開の夜桜を鑑賞しながら帰宅。ピザは相変わらず美味しかったけれど、イマイチな出来事があり……気分を変えようと、余りごはんで小さなおにぎりを握った。ソファに座ってダラダラ食べるうち、心身はすっかり満たされた。

3／27

くもり

家のことをあれこれすませたあと、
病院へと出かけた。
晩ごはんは、アジの干物、鶏の親子煮、
松前漬け、野菜たくさんのみそ汁。
今日は疲れた味になってしまったなあ。

金楽の
まかないが
美味しそう。

3／28

雨のちくもり

休みだったので桜を見たいと思い、その前にお昼を食べようと、あてもなく浅草へ向かう。散策しているうち、まもなく営業を開始する、佇まいのよい焼肉屋さんを見つけたので昼から焼く。「金楽」という店、営業が始まったらあっという間に満席になった。

オーダーをだいたい聞いたところで、奥の席にスタッフ全員が集合してまかないを食べ始める光景を見て、いい店だなあと思った。若い男の子が、大きなどんぶりでごはんをおかわりしていた。

お向かいの八百屋さんがまた、いい佇まい、いい品ぞろえ。いろいろと買い出しをして帰宅。のんびりした休日だった。

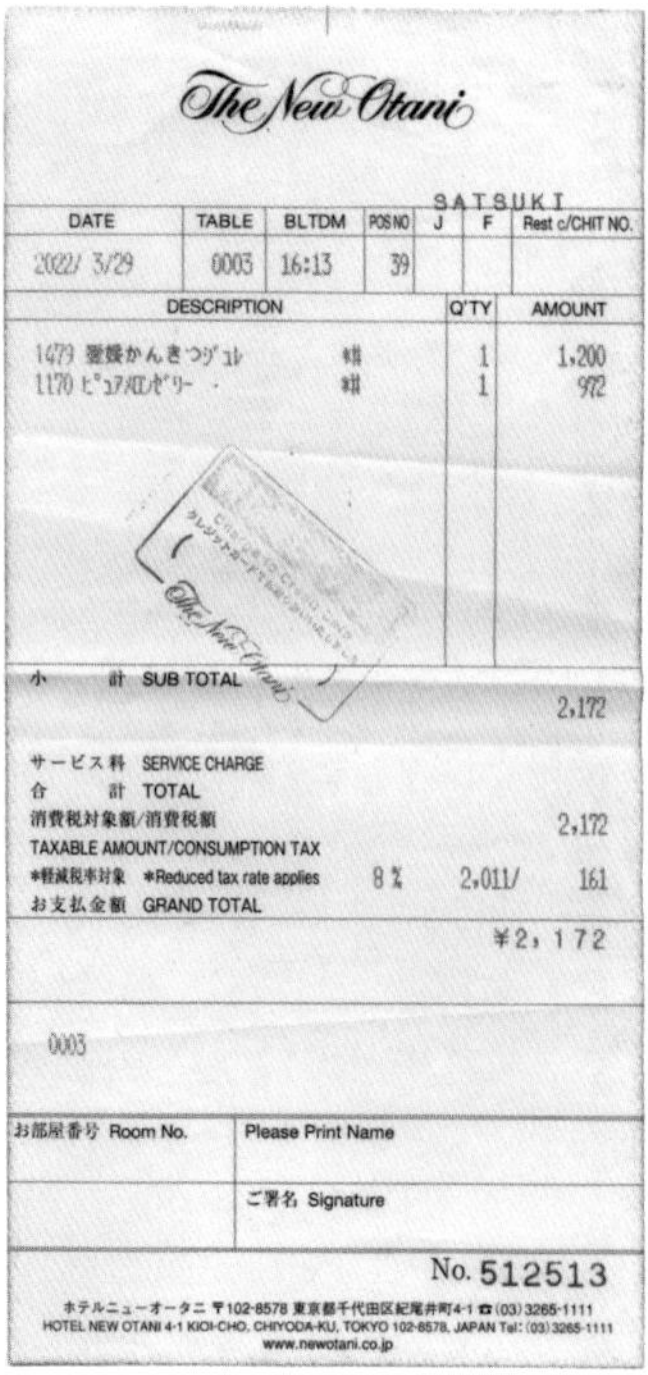

The New Otani

SATSUKI

DATE	TABLE	BLTDM	POS NO	J	F	Rest c/CHIT NO.
2022/ 3/29	0003	16:13	39			

DESCRIPTION		Q'TY	AMOUNT
1479 蜜蜂かんきつｼﾞｭﾚ	※#	1	1,200
1170 ﾋﾟｭｱﾒﾛﾝｾﾞﾘｰ	※#	1	972

小　　計 SUB TOTAL　2,172

サービス料 SERVICE CHARGE
合　　計 TOTAL
消費税対象額/消費税額　2,172
TAXABLE AMOUNT/CONSUMPTION TAX
※軽減税率対象 ※Reduced tax rate applies　8％　2,011/　161
お支払金額 GRAND TOTAL
¥2,172

0003

お部屋番号 Room No.　Please Print Name
ご署名 Signature

No. 512513

ホテルニューオータニ 〒102-8578 東京都千代田区紀尾井町4-1 ☎(03)3265-1111
HOTEL NEW OTANI 4-1 KIOI-CHO, CHIYODA-KU, TOKYO 102-8578, JAPAN Tel: (03)3265-1111
www.newotani.co.jp

3／29

くもり

打ち合わせで紀尾井町の「オーバカナル」へと出かけ、ホテルニューオータニでおやつを買って帰ろうとしたら「SATSUKI」はあれもこれも売り切れ。しかし何かは手に入れたく、ふだんなら絶対に買わなそうな「ピュアメロンゼリー」を選んだ。

帰宅後、浅草の八百屋さんで買ったふきのとうを天ぷらにし、鮭を焼き、ブロッコリーを炒めて晩ごはん。最近読んだ本に「体内の酪酸菌を増やすには、もち麦がいい」とあったので、白米にもち麦を加えて炊いた。酪酸菌が増えるとどういいのかは忘れたけれど、体によさそうなものは、とりあえず食べておく派。

3／30

くもり

母の命日が近くなると、
いろいろと考えてしまう。
余りごはんを活用して
カキとほうれん草のドリア、
ミネストローネ、
サーモンのカルパッチョ、
新玉ねぎとトマトのサラダを作った。
明日は母に捧げる花をたくさん買おう。

3／31

くもりのち雨

母の命日。学芸大学で〝ブッダボウル〟ランチを食べた。何がどうブッダなのかはわからないけれど、五穀米や豆、厚揚げ、野菜がたくさんとれたのは間違いない。

夜はタラちりにした。母が亡くなって7年がたつ。もう7年、まだ7年。とにかく今を楽しく生きることが大事なんじゃないか、と思って生きている。

4／1

雨のちくもり

家人が晩ごはんいらずの日だったので、
エビチャーハンを作り、
椀ものは、梅干しとのりに
お湯をジャーッと注いで簡単にすませた。
ちょっと疲れ気味だったし、
行儀悪くソファにひっくり返って。

4/2

晴れのちくもり

今日はとにかく肉だ！　鬱々としたこの気分を発散するには、牛肉を食べるに限る。人形町の「日山」へ行き、家人に「今夜はお肉」と伝えると「鍋がいい」との返答。気分は赤身のステーキだったけれど、しゃぶしゃぶ用のロースともも肉を選ぶ。帰り道、豊洲の「フードストアあおき」にも寄って、くだもの、大きなエビ、イカの一夜干し、いつも買う柑橘のジュースなどをかごに入れた。

鍋のつけだれはポン酢のほか、ポン酢にねりごまを少し加えたごまだれを、お好みで。

4/3

雨

昨日、大きなエビを買ったから、フライ、天ぷら、塩焼き、グラタン、さて何にしようか。家人に問うたところ、エビフライ丼かエビ天丼がいいと言うので、ふだん自分では作らないエビ天丼にしてみた。冷蔵庫に余っていたふきのとうも一緒に揚げて、満足感のある晩ごはんのできあがり。

4/4

雨

朝から降り続く雨。山の上ホテルの「コーヒーパーラーヒルトップ」で、プリンアラモードを頼む。改装されてもクラシックな佇まいは維持されていて、ずっとこのままであってほしいと思う。はじめて訪れた際、ホテル内の天ぷら店の場所を質問すると、フロントの人はすごくていねいに説明してくれたうえ、僕が店の入口をくぐるまで静かに見送ってくれた。また天ぷらも食べにこよう。

日本橋の高島屋に寄ると、きれいな鯛の切り身があったので、薬味と野菜で鯛ちりにした。最近、鍋ものに白菜を入れるのがどうも野暮ったく感じられて、軽い野菜ばかりを選んでしまう。白菜は漬けものがいちばん好き。

4/5

雨のちくもり

チョビのごはんを仕入れにホームセンターへ出かける。途中、中野にある豆腐屋さんで豆腐とお揚げを購入。何度も寄っているわりには〝鍋屋横丁の豆腐屋さん〟という認識でしかなく、あらためて確認すると「神宮豆腐」という屋号であった。ふとインスタグラムをチェック、知人が上げていた惣菜屋さんが美味しそうに見えたので、恵比寿にまわり道。煮豆と卯の花を持ち帰った。

晩ごはんは、サバのみりん干し、しゃぶしゃぶ名残の牛肉で作った肉じゃが、買ってきた煮豆と卯の花。

4/6

くもりのち晴れ

花屋の店先にシャクヤクが並んでいた。シャクヤクを見ると母のことを思い出す。母が亡くなったあと、庭に植えていたシャクヤクが一面きれいに咲いた。花を植えて咲かせる、ということの尊さをかみしめる出来事だった。夜は、平松洋子さんのレシピで「パセリカレー」。作り方は適当だけれど、毎回ちゃんと同じような味に仕上がる。

4/7

くもりのち晴れ

朝食に、上野駅の〝のもの〟で
買ってきた「ペリカン」のロールパン。
国産のブラッドオレンジは、
酸味がほどよくてすごく美味しい。

イカスミパスタが絶品。

4/8

晴れ

晩ごはんを作るのが面倒になって、四ツ谷「ラメーラ」まで足を運ぶ。季節の捉え方、素材の組み合わせ、味つけ、毎回どれをとっても本当に素晴らしい。家人は「ワインのセレクトもいい」とご満悦。今日もコージーな空気感と接客で、肩ひじ張らずに食事を楽しむことができた。すべてが満足だったけれど、イカスミのパスタはズバ抜けてよかった。

4/9

晴れ

昨夜の帰り道にスーパーで買った二八そば。家人が食べたいと言うので、天ぷらを揚げた。芝エビ、稚アユ、にんじんの葉、新玉ねぎ、スナップエンドウと春の味。疲れていたけれど、晩ごはんが美味しくできたので幸せ。

4/10

晴れ

装丁家の緒方修一さんに、僕の立ち上げたブランド「kuwaranca」のロゴデザインをお願いしたので、打ち合わせを兼ねて晩ごはんにお招きした。牛すね肉を煮込んだ地味なスープが「しみじみ美味い」との感想をいただく。

牛すね肉のスープ

●材料（作りやすい分量）牛すね肉 600g／大根⅓本／セロリ1本／ねぎ1本／昆布20g／水1ℓ／塩・こしょう 各適量／酒 大さじ2

●作り方 ねぎは薄切りにする（青い部分も残しておく）。大根は皮をむいて短冊切りに、セロリは大根と同じ長さに切って縦にスライスする。牛すね肉は食べやすく切る。ねぎの青い部分、大根、セロリ、牛肉、昆布、水を鍋に入れて中弱火にかけ、アクを取りながら1時間ほど煮込む。肉がやわらかくなってきたら塩・こしょうで味を調え、ねぎを加えて火を通す。

4／11

くもり

山梨県の北杜市を目指す。高橋恭司さんの写真展が開催されているGallery Traxまで。天気もよく、中央道はいっそう気持ちがいい。サービスエリアでおまんじゅうやソフトクリームを買っていたら、すっかり遅くなってしまった。ギャラリーへと続く1本道、満開の桜がひらひらと舞い散っている。

展示をゆっくり見たあと、ギャラリーのえっちゃんも一緒に、みんなで近くの韓国料理店へと向かった。ママひとりで切り盛りする店は、何を食べても美味しい。みんなから、えっちゃんの亡くなったご主人に似ていると言われて、なんだかうれしくなる。誰かが心を寄せていた人に似ているというのは、その誰かの人生の大切な何かを分けてもらったようで。夜の中央道がまた気持ちよかった。

4／12

晴れ

ここ数日、脳裏に「銀ダラ」という言葉が浮かんでいた。いつもの「鈴波」へ魚を買いにいくやいなや、店員さんが「サバですね！」と言うので「今日は銀ダラ！」と返したらびっくりされた。彼らの間で、僕のあだ名は「サバ男」だろうか。

晩ごはんはもちろん、銀ダラ。あとは大葉を巻いたイカの刺身、大根たっぷりのしらすおろしなど。

4／13

くもり

Gallery Traxのえっちゃんからもらった、こごみをくるみ和えにした。新鮮なクレソンはトマトとサラダに、あとはメンチカツ。美味しかった食パンをパン粉にして揚げたけれど、やわらかい生地だったこともあり、ちょっと焦げた感じになってしまった。美味しいパンが、使い勝手のいいパン粉になるとは限らない。今日も大福ソースをかけたり「mitosaya」のウスターソースをかけたりしながら。

4／14

雨

マグロのすき身が美味しそうだったので、
酢めしにのせて丼にした。
すき身は十分に美味しかったけれど、
次はやっぱり柵をたたいて作ろう。

4／15

雨

アンセムさんが新しく始める、
家具と雑貨のリサイクルショップ
FUN againのオープニングイベントへ。
ケータリングで出された
「ヘンドリクス カリー バー」の料理が
すごく美味しくて、
干し豆腐の和えものは
特にたくさん食べてしまった。
カレーはもちろんだけれど、
一品料理が絶妙だと記憶、
今度は店舗にも行ってみよう。
アンセムさん、おめでとうございます。

4／16

雨のち晴れ

店の庭に友里ちゃんがいた。

「eatrip soil」のフィッシュマーケットへ。金目鯛、ハマグリ、マグロ、イカを買って帰る。

4／17

くもり

夕方、ホタテにホッケ、アスパラガスなどが届いた。ふだんなら喜んで料理するのだけど、どうにも作る気力がわいてこず、今夜は外食。干し豆腐が無性に食べたくなって、中野の台湾料理「味王」へと出かけた……が、メニューの「干し豆腐」には、年季の入った〝売り切れシール〟が貼られていた。久しぶりに中野サンプラザを見上げた。本日もお疲れ様でした。

4／18

晴れのち雨

久しぶりに「BERG」へ行く。
新宿駅の中にこういう
趣きのある店が残っているのは、
本当に奇跡だと思う。

4/19

くもりのち雨

今日は毛ガニをどうにかしようと思い、
しのちゃんたちを誘って毛ガニパーティ。
こういうのは何人かで食べたほうが
絶対に美味しい。
アシスタントであり、友人でもある、
いい関係。

4/20

雨のちくもり

「夜は水炊きがいい」という家人のリクエストを受け、人形町まで骨つきのぶつ切り肉を買いに出かけた。鶏肉のほかには、せり、ねぎ、えのき、豆腐。シメは雑炊。

水炊き

●材料（2人分）鶏ぶつ切り肉（骨つき）1kg／せり1束／A（ねぎ2本、えのき1束、豆腐1丁）／昆布10g／酒大さじ2／塩適量 **●作り方** 土鍋に鶏肉、昆布、酒、塩を入れ、水をひたひたに注いで弱火にかけ、沸いたら20分ほど煮込む。肉がやわらかくなったらAを入れ、最後にせりを加えてひと煮立ちさせる。※シメの雑炊は、卵を溶き入れ、三つ葉を散らす。

4/21

くもりのち雨

今夜はスタミナをつけたいから、
とんかつ！
別皿に大根おろしをたっぷり添えて。

4／22

雨のち晴れ

パセリカレーを作って、ホッケを焼いた。
カレーと焼き魚って
なかなか変な組み合わせだけれど、
じつはインドでもこういう献立、
あるんじゃないかとひそかに思っている。

4／23

くもり

ココスに
来たら
タコサラダ。

石岡まで、友人のけいちゃんに会いにいった。
「ココス」でタコサラダをバリバリ食べて、
ひとしきりおしゃべりをして、
笠間に新しくできた道の駅へ。

4／24

くもりのち雨

夜は、久しぶりに鮭のムニエル。
新じゃがの煮ものも。

鮭のムニエル

●材料（2人分） 生鮭（切り身）2枚／塩 適量／小麦粉 適量／A（らっきょう 7個、パセリ 適量、ゆで卵 2個）／マヨネーズ 大さじ3／レモン 適量／オリーブオイル 適量 ●作り方 鮭に塩を振って10分おき、表面の水分をよく拭いてから、小麦粉を全体に薄くまぶす。Aは刻んでマヨネーズと混ぜ、タルタルソースを作る。フライパンにオリーブオイルを熱し、鮭の両面を中火でこんがりと焼く。レモンを搾り、タルタルソースをかけていただく。

4／25

晴れのちくもり

休日。午前中から先に出かけた家人と渋谷「羽當」で待ち合わせ、久しぶりにアイスウィンナーコーヒーを頼んだ。

その後、代々木八幡「宝味八萬」へ向かい、角田光代さんたちと乾杯。最近興味のある干し豆腐を頼んだら、ここのものはしっかりと味がなじませてあった。干し豆腐は奥深い。

角田さんと話すと、いつもすっきりする。今日も不安がパッと消えた。帰り道、夜風が気持ちよく吹き抜けていった。

4/26

くもり一時雨

晩ごはんは蒸し鶏。それと、お吸いもの。お弁当を作ると卵焼きの端っこがたくさんできるし、小松菜のおひたしもだいたい余るので、両者を組み合わせて汁の具材にする。味はつけすぎず、やさしい味わいでどうぞ。

卵焼きとおひたしのお吸いもの

●材料（2人分）卵焼きの端っこ（またはスライス）8枚／小松菜のおひたし 2株分／だし400㎖／塩 少々 **●作り方** 鍋にだしを入れて中火にかけ、沸いたら卵焼きを入れてひと煮立ちさせる。小松菜を加え、塩で味を調える。

4/27

くもり

久しぶりに大きなコロッケを揚げて、マグロの刺身と並べた。コロッケはいつも、じゃがいもをゆでるのが億劫になる。ただゆでるだけなのに……。それでも今日はきれいに揚がって、味もちょうどよかった。

4／28

くもりのち晴れ

藤井ユカさんの写真展へ出かけた。迷ったあと、1枚の写真をお願いした。電話の前で佇む、デヴィッド・シルヴィアンの写真。何かを待っているようにも見える、今の僕のようだと思って。

夜は、タコのカルパッチョ。ミートソースを作ったので、ペンネでグラタンにする。

4/29

くもりのち雨

ゴールデンウィーク初日、あいにくの雨模様。お土産でもらった、新島「かじやベーカリー」の食パンをトーストした。懐かしいなあ。
夜は、典美さんたちと山椒鍋。鶏肉、れんこん、たけのこ、生麩、そこへ山椒の芽を入れていただく、ぜいたくな鍋。旬とはまさにこのことで、山椒の芽が少しでも成長してしまうと、トゲトゲしい味になってしまう。食べる直前に山椒の芽を入れてふたを閉め、ひと呼吸おいてふたを開ければ、まだ淡い山椒の香りが立つ春の味。

かじやの
パンは
しっとり
ふわふわ。

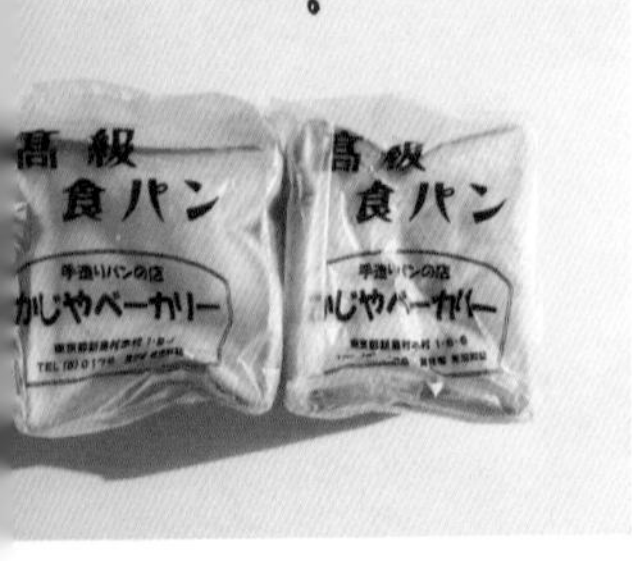

4／30

晴れ

HADEN BOOKS: の近くを歩いていたら、雑誌のファッションスナップに声をかけられた。今さら感がすごくはあるけれど、おもしろいのでOKした。
夜は、広尾の「ヨシダハウス」へ出かけて晩ごはん。大勢さんが帰ったあとで、どこか力が抜けたような感じだった。ブイヤベースのようなものを頼む。欲を言えば、こういうメニューは海のそばで惜しまず食べたい。

5／1

くもりのち雨

callでお弁当の販売会。作っている間はつい、もうやりたくないと思ってしまうのだけど、来てくださる方と話しているうちに力がわいてきて、またやりたいという気持ちに変わる。callのみなさん、ありがとうございました。夜は、肉野菜炒めと、お弁当の残り（卵焼きの端っことおひたし）で作ったお吸いもの。

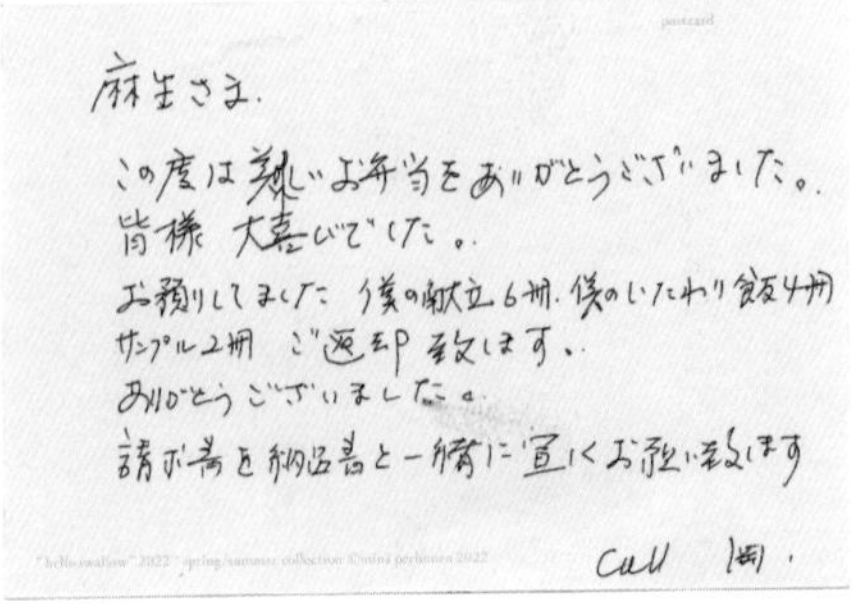

postcard

麻生さま

この度は美味しいお弁当をありがとうございました。
皆様 大喜びでした。
お預りしてました 僕の献立6冊・僕のいたわり飯4冊
サンプル2冊 ご返却致します。
ありがとうございました。
請求書を納品書と一緒に宜しくお願い致します

call 岡.

5／2

くもりのち雨

唐揚げをたくさん作って、吉田青年とごはんを食べた。ちょっとしたお祝いに「近江屋洋菓子店」のかわいいショートケーキ。もっといろいろな種類を味わいたいと思うけれど、ケーキはそんなにたくさん食べられなくて、結局いつも同じものになってしまう。

5/3

晴れ

「FACTORY」のベーグルが、パリッ、モチッとしていて美味しい。日差しの気持ちいい日で、チョビとのんびりして過ごす。
夜は肉を焼き、余りごはんをパセリとにんにくで炒めたほか、適当なスープ、きのこと豆腐。肉のときは野菜もたっぷり食べる。

5／4

晴れのちくもり

「eatrip soil」に寄ったら、吉田青年ファミリーとばったり遭遇した。店主の友里ちゃんがすごくうれしそうに「カレー食べる～?」と聞いてくるので、よくわからないままうなずいて、一緒にカレーをいただいた。ベンガル料理のイベント用に仕込みをしていたらしい。よくわからないことが起きるのも、この店主の持ち味だなと感じる。

5/5

くもり

姉の病院へ届けものをしにいく。
せん妄状態の姉からの着信がすごく、
このところ疲れ気味だ。
夕食を作る気力がわかない。
日本橋三越の地下「天ぷら山の上」で
売れ残り安くなっていたかき揚げを持ち帰り、
そばにのせた。
今夜はその程度が、精一杯。

5／6

くもり

車の点検で尾山台まで。
待ち時間に「ロイヤルホスト」に入った。
ちょっとおなかがすいていたので、
サラダを食べて、仕事を片づける。
夜は、たっぷりのエビフライを揚げた。

5/7

雨のち晴れ

今晩はカレー、カリフラワーのグラタン、きのこをのせた豆腐のステーキなど。

カリフラワーのグラタン

●材料（2人分） カリフラワー 1株／玉ねぎ ¼個／アンチョビ 3〜4本／バター 30g／塩・こしょう 各適量／小麦粉 大さじ2／牛乳 250㎖／チーズ 適量 ●作り方 カリフラワーは小房に分け、少しかためにゆでる。玉ねぎはみじん切りにし、アンチョビは細かく刻む。フライパンにバターとアンチョビを入れ、玉ねぎを弱火で透き通るまで炒め、カリフラワーを加えてなじませる。塩・こしょう、小麦粉を加えて粉っぽさがなくなるまで炒め、牛乳を3回に分けて入れる。耐熱皿に移してチーズをのせ、170度のオーブンで焦げ目がつくまで焼く。

チョビは
ブラシと
タワシが好き。

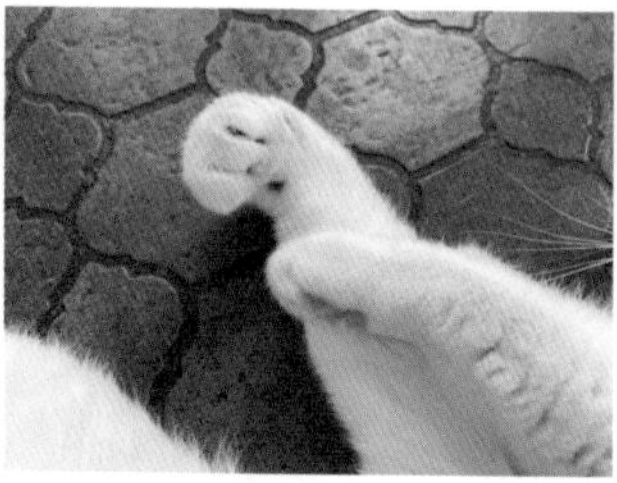

5/8

晴れのちくもり

世の中のゴールデンウィークは今日で終わりらしい。チョビとゴロゴロしたあと、下北沢へとヨガをしに出かけ、夜は四谷三丁目の「焼肉隠」で肉を焼いた。注文が入ってから用意してくれる、ル・クルーゼ鍋での炊きたてごはんがお気に入り。

5/9

くもりのち雨

大井町のそば屋で、家人と昼ごはんを食べた。あなごの天ぷらが山盛りでびっくり。風情がありすぎる店で、そば湯の容器のふたが割れかかっていて、またちょっとびっくりした。大森の「珈琲亭ルアン」でコーヒーを飲んだあと、港北の銭湯へ。気分転換するつもりが、入る直前に姉から着信、折り返しても出ないので、なんだかそわそわ、落ち着かないままの入浴になってしまった。

5/10

くもり一時雨

マンションの電気関係の工事と、病院の用事に忙殺された1日で、無の境地となる。チョビを抱っこしたままダウン……。

案の定、夜はごはんを作る気力がわかず、回転寿司を食べに出かけた。タッチパネルでの注文方式にエンターテインメント感があって、束の間、楽しい気持ちになれたような。

5/11

くもり

買っておいた骨つきの鶏肉を漬け込み、魚焼きグリルで焼いてみたら、昭和のごちそう感がある味わいでよかった。

骨つき鶏もも肉のグリル

●材料（2人分）鶏もも肉（骨つき）2本／しょうが 1かけ／にんにく 1かけ／調味料（酒 大さじ2、しょうゆ 大さじ2、みりん 大さじ1、はちみつ 大さじ1、ごま油 大さじ½）●作り方 しょうが、にんにくはすりおろし、ビニール袋に入れる。調味料、鶏肉を加え、よくもみ込んで3時間以上おく。水分をよく切り、魚焼きグリルの中弱火で20分ほど両面をこんがりと焼く。

5／12

くもりのち雨

姉の病院からの帰り道、考えごとをしながらぼんやりしてしまった。なんとなく家にたどり着けず、気分を変えたくて車でウロウロ……日が暮れて、光の灯った東京タワーを眺めていると、ようやく気分が落ち着いてきた。

夜は変わったものが食べたくなり、ジャージャー麺を作る。ひき肉と玉ねぎを炒め「青家」の辛みそで味つけをする。きゅうり、ねぎ、香草、麺は稲庭うどん。簡単で美味しかった。再び同じものは作れないかもしれないけれど。きのこのおひたしは卵とじにして、とろみのあるスープに仕立てた。

5/13

雨

久しぶりに人形町「鳥忠」で鶏肉を、「日山」でステーキ用と切り落とし肉を購入した。張りきって食材を買ったわりになんだかくたびれて、晩ごはんは九段下「花子」へと広島焼きを食べにいく。場所柄、ワイシャツ姿のサラリーマンのみなさまが大宴会、久しぶりに感じる大きな声や妙な活気も、ちょっと新鮮だった。シーザーサラダや餃子、ホルモンを揚げたものもよかった。そしてここの広島焼きは、軽くてするすると食べてしまう。今日みたいにうるさくなければ、いつでも食べにきたいな。

5/14

雨のちくもり

今日は姉の同級生の紳士の通院に付き添い、途中、青山の「ウエスト」に寄って、ふたりでサンドイッチを食べた。病院へ送り迎えをする若い友人（僕）がいるということを、ご家族も知らないだろうなあ、きっと。

夜は「日山」の肉を焼く。時間がなかったので、市販のポテトサラダとアカモクのスープ（お湯を注げば完成）に助けてもらう。手を抜くときにはしっかり抜いて、無理はしないようにする。

新島の
海が恋しい。

5／15

くもりのち雨

僕が新島でsaroという宿を切り盛りしていたころ、泊まりにきてくれたことのある編集者・草ぴょんと食卓を囲んだ。もう10年くらい、ずいぶんと久しぶりな再会を喜び合う。お弁当の仕込みをしつつ、唐揚げやきんぴら、いろいろと作った。今となっては、宿に来てくれた人というのは貴重な存在だ。

5／16

くもりときどき雨

〝こえ占い〟の千恵子さんのはからいで、吉本ばななさんとの初対面をはたした。浮き沈みの激しい僕の人生、大変なときに、ばななさんのエッセイや小説に助けられて生きてきた。そんなことも伝えようかと思ったけれど、僕が作ったお弁当を、ばななさんがほめながら食べてくださった、もうそれだけで十分だった。自著にサインをさせていただく。立ち場が逆です、と恐縮しながら……。

夜は、写真家の原田くんの家に招かれ、ごはんを食べた。かわいいキッチンに並んだ、かわいいふたり。

5／17

くもり一時雨

週末のお弁当の仕事に合わせて、
冷蔵庫をなるべく空にしたい。
カレイの西京焼き、
お弁当のおひたしを再利用したお吸いもの。
しかし今日は電話がよく鳴った日だった。
僕は電話が嫌いだ。

5／18

くもり

人形町の「鳥近」まで来たので、
晩ごはん用に焼き鳥を買って帰る。
鳥近の焼き鳥は、
ちょっとした専門店よりも美味しい。
大きなレバーが好き。
焼いてから時間がたっているのに美味しい、
これってすごいことだ。

5/19

晴れのちくもり

明日と明後日、お弁当を大量に作るので、
マンション1階のアトリエに
会議用の長テーブルを設置した。
準備をしたり、仕込みをしたり、
すっかりヘロヘロになったので、
夜は恵比寿の海鮮居酒屋へ。
悪くはないけれど、
また行きたいという感じでもないかな。

5／20

くもり

今日はお弁当が31個。アトリエを初稼働させ、朝からマンションの1階、2階、5階と慌ただしく行き来して疲れはてる。しのちゃんも早めに来てくれて、ふたりで食材を詰めていく。お弁当を始めたころは、ひとりで50個作っていたことを思い出す、よくやっていたなあと思う。今はふたりでも、この数はちょっと多いと感じてしまう。

納品は無事にできたものの、マンションで漏水事件が発生、急いで帰る。対応に追われて、やれやれ。

5/21

雨

今日はお弁当30個。
昨日よりは1個少ない（笑）。
昨日よりも早く完成したというのに、
配達に遅刻した。
連日、アトリエを準備したり、
お弁当を仕込んだり詰めたり、腰が痛い。
今日も疲れはてて、
お弁当の残りものを寄せ集めての晩ごはん。

5/22

くもりのち雨

やはり腰が痛くて、起き上がるのもやっと。整体に行ったあと、車検の手続きで尾山台へ向かう。リハビリしなくてはと思い、尾山台から九品仏まで歩く。久しぶりに「D&DEPARTMENT」へ寄ると、リニューアル中で2階のみ営業していた。このビルができたころ、カフェによく来たんだよなあ。思えば、もう何十年も前のことだ。九品仏の商店街は活気があった。前から来てみたかった「コム・ン」でパンを買う。

夜ごはんはエビチリを作るも、腰は痛いし、自分の中に漂うイマイチ感……。明日は外食にして、ペースを取り戻そう。

5／23

くもりのち晴れ

家人と、腰を労りながらゆっくりと散歩。以前から訪問してみたかった「スンガリー新宿東口本店」へ向かう。ロシア、ウクライナ、ジョージア料理。まるで寝台列車の食堂車みたいな雰囲気で、ロジャー・ムーア演じるジェームズ・ボンドが出てきそう。「マリノーブナヤ・ケタのブリヌイ包み」（ロシア式フレッシュサーモンマリネのブリヌイクレープ包み）が、とても美味しかった。旅を終えたような気分で帰宅した。

5／24

くもりのち晴れ

今夜は薬味をたっぷりのせたカツオのたたき。さっぱり、でもしっかりしたカツオで、美味しかったたな。

カツオのたたき

●材料（2人分）カツオ（皮つき）1柵（250g）／薬味（大葉・かいわれ菜・みょうが・ねぎなど 各適量）／にんにく 1かけ／すだち 1個／ポン酢 適量／サラダ油 適量 ●作り方 フライパンに油を引いて中火にかけ、カツオを皮目から入れ、焼きつけるようにして3面の表面を焼く。氷水に取り、水けをよく拭いてから厚手のキッチンペーパーに包み、冷蔵庫に30分ほどおく。薬味は刻んで氷水に入れ、水を切る。にんにくはスライスして両面を焼く。カツオを切り分けて器に盛り、薬味とにんにくをのせる。すだちを搾り、ポン酢をかけていただく。

5／25

晴れのちくもり

メグちゃんが晩ごはんを食べにきた。パンがいっぱいあったから、サラダに、にんじんのポタージュ、肉を焼いて、リクエストのミートソースのグラタンも。

ミートソースのグラタン

●**材料**（4人分）ミートソース（2月15日参照）250g／パスタ 250g／牛乳 250㎖／バター 大さじ3／小麦粉 大さじ3／塩・こしょう 各適量／顆粒コンソメ 適量／チーズ 適量

●**作り方** パスタは表示より1分短くゆでる。フライパンにバターを入れて弱火にかけ、小麦粉を加え混ぜ、牛乳を3回に分けて入れる。コンソメ、塩・こしょうで味を調えてホワイトソースを作る。耐熱皿にパスタを入れ、ミートソース大さじ2で和える。残りのミートソース、ホワイトソースの順にかけ、チーズをのせ、180度のオーブンで焦げ目がつくまで焼く。

5／26

くもり

焼き魚は
たまに
食べたくなる。

車検が完了したので、再び尾山台まで。九品仏「コム・ン」で食パンをふたつ買い、ひとつは典美さんのお土産にした。
夜は魚を焼いて、あとは野菜のヘルシーな食卓。のんびりと味わって食べた。

5／27

雨のちくもり

リエトリートで
長時間のボディ・メンテナンスをしてもらい、
終わったままのふわふわふわとした気分で、
北参道の「炭火串焼 いっせき」へ。
歩ける距離、再訪したい。

5/28

晴れのちくもり

DEE'S HALLでフレアマーケット。マーケットには僕も出品した。初日、店頭にいると、いろいろな人に会うことができた。
夜は、作っておいたボルシチを温め、余りごはんでちゃちゃっとリゾット。

パルミジャーノリゾット
●材料（2人分）余りごはん 茶碗2杯分／パルミジャーノチーズ 60g／生クリーム 100㎖／塩・こしょう 各適量／パセリ 適量 ●作り方 鍋にごはんを入れ、かぶるくらいまで水を注いで弱火にかける。軽くかき混ぜながら、水が半分ほどに減ったら生クリーム、パルミジャーノを加え、全体を混ぜてひと煮立ちさせる。塩・こしょうで味を調え、刻んだパセリを散らす。

マリノーブナヤ・ケタのブリヌイ包み。

5／29

晴れ

恭司さんたちと「スンガリー新宿東口本店」へ行く。せまい階段を降りていくと、やっぱり別世界。特に恭司さんの佇まい、旅の話が異国感を強めていた。今回は前菜をあれこれ楽しんだ。僕はやっぱり、マリノーブナヤ・ケタのブリヌイ包みが好き。覚えられないけれど、ネーミングもいい。

5/30

晴れのちくもり

ベランダで育てたピーマンを収穫。休日といいながらも、シモジマへ行ったり、用を足して過ごしながら、夕刻、猫沢エミさんに教えてもらった「浜町かねこ」へ。おつまみ、天ぷら、そば。近所にあったらうれしい店。

5／31

雨のちくもり

姉の病院へ行き、
いろいろな用事を消化した日。
夜は、シメサバ、煮もの、
にらと卵のスープ。

6/1

くもり

HADEN BOOKS:で、美雨ちゃんと一緒にインスタライブ。たまたま安藤桃子さんが寄ってくれたので、はじめてお会いすることができたのだけど、以前に送っていただいたお菓子のお礼を伝え忘れてしまった。桃子さん、ありがとうございました。
ライブが終わって表参道「しまだ」へ。久しぶりにカレーうどんを食べた。静かな熱を感じられる、いい夜だったな。

6/2

晴れ

近所の
「シャンウェイ」でランチ。
ここの蒸し鶏は、
あっさりしているように見えて
パンチのある味。
サラダバーも付いているのに、
1000円しないというのは良心的だ。

6/3

くもりのち晴れ

干物を焼いて晩ごはん。
健康のためには
もっと食卓に登場させたい、
と思っているんだけどね。

6／4

晴れ

たまの店番は
楽しいな。
おなかが減った…。

イベントのためHADEN BOOKS:にいたら、写真家の前くんが寄ってくれた。何かあると必ず足を運んでくれて、応援してくれて、本当に男前だと僕は思っている。

夜は、マグロの刺身、アジのたたき。

6/5

くもりのち雨

原田くんに紹介してもらった荻窪の整体院へと出かけ、その帰り、タウンセブンの地下に入っている青果店の自家製アイスを食べた。マンゴーアイスが、いかにも〝手作りの味〟という感じでよかった。

夜は余った食材を総動員してインスタントラーメンを作り、簡単にすませる。野菜もたくさんとれるし、こういう晩ごはんもいいよね。

インスタントラーメン

●材料（2人分）豚肉 適量／余っている野菜（キャベツ・にんじん・チンゲン菜・玉ねぎなど各適量）／インスタントラーメン（市販）2袋 ●作り方 鍋に表示より少し多めの水を入れて中火にかけ、沸いたら肉と野菜を入れてひと煮立ちさせる。麺も入れて一緒にゆで、付属のスープの素を加え、どんぶりに移す。

6／6

雨

休みといいながら、朝から連載の原稿を仕上げ、事務仕事をこなした。すっきりした身で東急本店に向かい、丸善で本を買ってから「珈琲店トップ」で休憩……レアチーズケーキが美味しそうに見えたけれど、夜に備えて食べなかった。

今夜は、僕にとって弟的な存在である森くんの誕生日会。家人、典美さんと銀座「マルディグラ」でお祝いする。大きなプレートの前菜、肉のタワー、デザート。〝弟よ〟40歳おめでとう！

6/7

くもりのち雨

今日は原田くんの引っ越しで、譲り受ける家具がアトリエにやってくる日。しかし、そんなときに限ってわが家の前は水道工事で通行止め……。手慣れた引っ越し屋さんの協力のもと、なんとか大量の家具をおさめることができた。きっと原田くんはおなかがすいているに違いないと、おにぎりと卵焼きを急いで包み、引っ越し屋さんに託した。
夜は何が食べたいかよくわからず、そうめんをゆでてみた。あなご、ピーマン、さつまいもの天ぷらも一緒に。

パイシートを探す旅。

6/8

くもり

岡本夫妻にお弁当を届ける。
奥さまの敬子さんは肉が苦手だから、
魚弁当。
そのあと「ナショナル麻布」
「明治屋」「イオン」をハシゴ。
試作用に冷凍のパイシートが
欲しかったのだけど、
結局どこも同じ品だった。
夜は、手抜き料理の試作でできた
焼きカレーと、お弁当の残りもの。

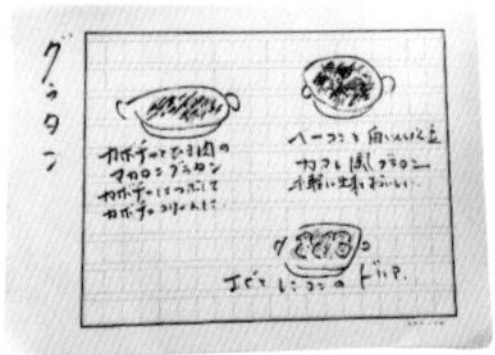

6／9

くもり一時雨

新しい連載の打ち合わせで
「室町砂場」へと出かけた。
方向性を確認して、
また後日の打ち合わせとなった。
夜はもりっと、ブリの竜田揚げ。

6/10

くもりのち晴れ

夜、美雨ちゃん母娘がわが家に来た。小学校に入学してはじめて会うなまこは、少しお姉さんになっていた。新しい環境、忙しいママ、今夜くらいはのんびりしてほしいと、母娘を甘やかす。長い人生のなかでずっと、ふたりにとってそういう存在でありたいと思っている。なまこが唐揚げをたくさん食べてくれた。

6／11

くもりのち雨

「eatrip soil」のフィッシュマーケットでサーモンとタコを買ったので、今夜は刺身。谷中しょうがもいいものがあったから、豚肉で巻くことにした。食後に食べた「伊勢屋」の「あじさい」が美味しくて、それでいて等身大な感じがやっぱり好き。

6／12

雨のち晴れ

きのこをポタージュにしてみた。のせるクルトンは、余ったパンを小さく切り分け、オリーブオイルをまぶしてフライパンで焼いたもの。これにより、味がぐんと格上げされる。

きのこのポタージュ

●材料（2人分）きのこ（マッシュルーム・しめじ・しいたけ・まいたけ 各1パック）／玉ねぎ½個／バター20g／牛乳400㎖／生クリーム100㎖／塩・こしょう 各適量／クルトン 適量／オリーブオイル 適量 ●作り方 玉ねぎはみじん切りにし、きのこは石づきを取る。フライパンにバターを熱し、玉ねぎときのこを中火で炒め、牛乳を加えてひと煮立ちさせる。粗熱がとれたらミキサーに入れて攪拌し、鍋に戻す。生クリームを加えて弱火にかけ、ひと煮立ちしたら塩・こしょうで味を調える。器に注いでクルトンをのせ、オリーブオイルを垂らす。

くろり。

6／13

くもり

家人が休みなので、ふたりでつくばまで。昼は「珍来」でタンメンとチャーハンを食べた。つくばに来ると必ず「アンキュイ」でパンを買う。ここのクロワッサンが好き。夜はたまたま見つけた居酒屋、守谷「来ル里」で、自家製のさつま揚げ、生麩田楽、刺身の盛り合わせ、焼きおにぎりなど。盛りつけもよく、近所に欲しい店だったな。

6／14

くもりのち雨

朝食に、昨日買ってきた「アンキュイ」のクロワッサン。サクッ、フワッのバランスがいい。夜は、冷蔵庫の品々を消化しようといろいろ作っていたら、じゃがいものグラタン、牛丼、その他という、すごいメニューになってしまった。しかしもう少し、気の利いた組み合わせにできないものだろうか。

なめこ汁 バンザイ。

6／15

くもりときどき雨

リエちゃんと待ち合わせ、家人も店を閉めて、3人で代官山「六角亭」へと向かう。先代のあかねママにも一報。今は若夫婦が店を切り盛りしている。お造りは包丁が鮮やか、一品料理も充実、串揚げの天使のエビは何本でも食べられそうな軽さだった。あかねママが店に立っているころに来てみたかったけれど、日々積み重ねてきた確かなものが、しっかりと店に根づいている気がした。

6／16

くもり

朝からせっせとお弁当を作り「NO RAISIN SANDWICH」の工房へお届けする。主宰の平野紗季子さんと話していたら、学生時代に新島のsaroに来てくださったのだそう。いただいたサンドはとても美味、宿をやっていたころの景色を思い浮かべながら味わった。
夜は刺身がメインの食卓。切ったら完成する、刺身って素晴らしい。

6／17

くもり

今日はアトリエに冷蔵庫が届いた。新しい冷蔵庫はやっぱりうれしい。豚肩ロースのかたまりを買ってきて焼き、大葉やピーマン、梅、キムチと一緒に食す。素材の味に、いろいろな味をのせていく食べ方で。

豚肩ロースのかたまり焼き

●材料（2人分）豚肩ロースかたまり肉 500g／塩 適量 **●作り方** 豚肉は塩を振って常温に戻し、フライパンで各面をしっかりとまわし焼く（表面に焼き色がつき、中はうっすらピンク色になるとよい）。※冷蔵庫にある野菜や薬味などと一緒に食べると、味が変化して楽しい。

6/18

くもりのち雨

なぜだかそんな気分で、
沖縄そば、ゴーヤチャンプルーなどを作った。
吉本ばななさんの
『私と街たち（ほぼ自伝）』がすごくよくて、
持ち歩いては大事に読んでいる。

6／19

くもり

「HORAIYA」の夫妻に話があると呼び出され
「スンガリー新宿東口本店」へと出かけた。
今晩も前菜をたくさん頼み、
ふたりの結婚式の話で盛り上がる。
両家の食事会でのお土産用に
お弁当を作ってほしい、との依頼だった。

コンサート帰りのもつ焼き。

6／20

くもり

夜、原田知世さんのデビュー40周年コンサートを聞きに、オーチャードホールへ。35周年のとき、楽屋までケータリングしたのが懐かしい。あれから5年もたったのか。

晩ごはんをどこで食べるかさまよった末、もつ焼きの「西新宿 ふじ屋 ハナレ」に入る。前を通りかかってなんとなくだったけれど、清潔で美味、リーズナブルな良店だった。

6／21

くもりのち雨

家人不在の晩ごはん。
ごはんを炊いて、しらすおろし、
おひたし、納豆、卵とワカメのスープ。
長生きしそうなメニュー。

6／22

くもり一時雨

アンセムさんがアトリエに棚を届け、
組み立てまでしてくれた。
タイミングを同じくして、
おっくんがお昼を食べにきた。
今日の献立は、イワシの梅煮。
おっくんはたぶん、
うちを定食屋だと思っている。

6／23

くもり

典美さんと待ち合わせ、葉山にあるミカちゃんの家を訪問。佐島の港まで魚を買いにいき、途中、しらすも購入。タコやカワハギの刺身、きのこのスープ、ベトナム風の揚げ春巻き——いろいろな野菜やハーブと一緒に食べる春巻きが美味しかった。

夜、冷蔵庫の中をガサガサして炒めものを作り、葉山のしらすも並べた。出かけた先の何かが食卓に並ぶのは、幸せだ。

6／24

くもりのち晴れ

マンションのゴーヤが
小さく実をつけ始めている。
二子玉川ライズで買い出しをして、
今日も晩ごはんは刺身にした。
閉店間際で、
刺身用に切ってある魚を買ったけれど、
僕は柵で買うほうがいいみたい。
タコと万願寺とうがらしの炒めものが
美味しくできた
（たまたま余ったもの同士を炒めた）。

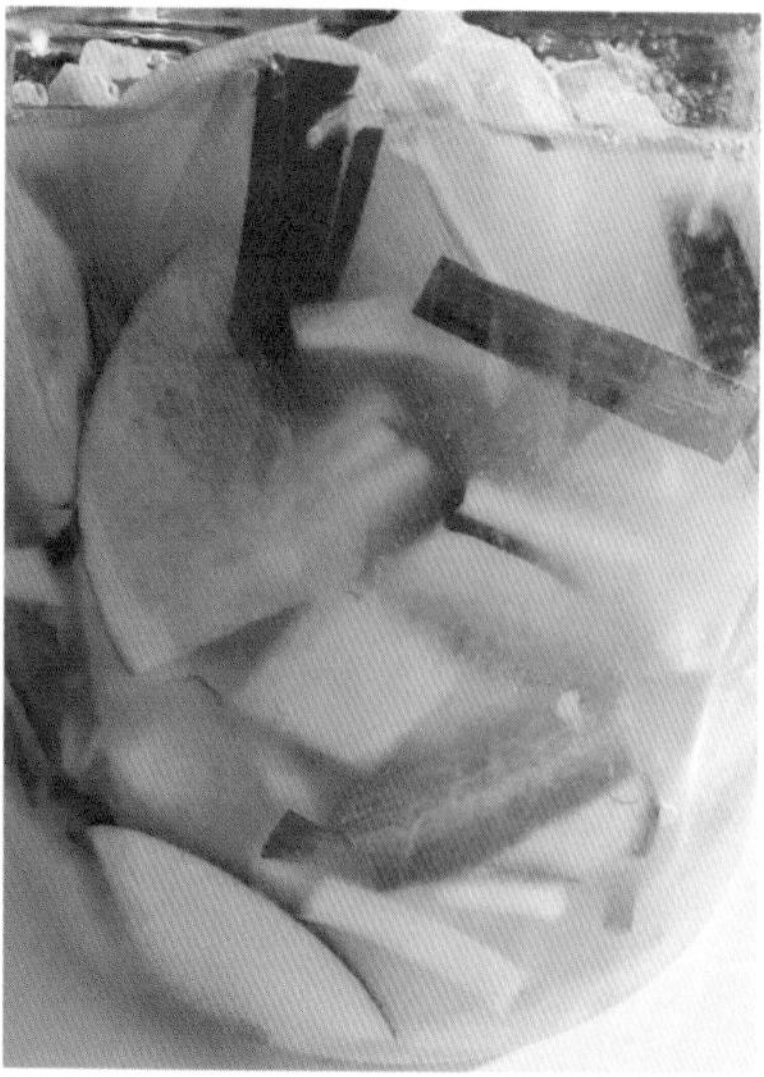

6／25

晴れ

思いつきで、適当に水キムチを漬けてみた。
うまくできるかな。
夜はイワシをパン粉焼きにしたけれど、
何かが足りない感じの仕上がりだった。

6／26

晴れ

すすめられてドラマ『ユンステイ』を見始めたせいか、韓国料理が無性に食べたくなって、新大久保へと買い出しに向かった。水キムチ、プゴクスープの素を買って帰宅。天草大王の鶏肉があったから、余っていた野菜を入れて、参鶏湯のような鍋を作った。味つけはせず、水キムチを足しながらいただくスタイルで。

参鶏湯のような鍋

●**材料**（2人分）鶏肉（手羽先・もも）合わせて1kg／ねぎ 2本／エリンギ 4本／もやし 1袋／にんにく 2かけ／ナツメ 6個 ●**作り方** にんにくは薄切りにし、ねぎ1本は斜め薄切りにする。エリンギ、鶏もも肉は食べやすく切る。鍋に鶏肉、にんにく、ナツメを入れ、かぶるくらいまで水を注いで中弱火にかけ、30分ほど煮込む。薄切りのねぎ、エリンギ、もやしを入れ、火が通ったら残りのねぎを刻んで散らす。

6／27

晴れのちくもり

どこかへ行きたい衝動にかられ、京都を目指す。朝早くに出て帰りも遅いのはチョビに申しわけないような気がして、行きはのんびりと出かけた。

「イノダコーヒ本店」に入り、家人はプリンパフェ、僕はお決まりのレモンアイス。銀器で供されるのもうれしい。夕方近くになっていたので、散策しながら大丸へ向かい「森嘉」で豆腐やがんもを購入した。このあと、晩ごはんの店選びに難航……「千花」「河しげ」「萬亀楼」「天壵」は月曜休み。結局、三条の「めなみ」というおばんざい店に入った。

帰りの新幹線、抹茶味の生八つ橋を食べながら幸せを感じる、自分の凡庸さを讃えたい。明日からまたがんばろう。チョビ、遅くなってごめんね！

6／28

晴れのちくもり

昨日は１日家をあけたので、
チョビとべったり過ごしながら
家の用事をこなす。
夜は、牛肉と玉ねぎとしらたきを煮たのやら、
冷蔵庫の中から
あれこれ引っ張り出してきてすませる。

6／29

くもり

すいかが出始めていたので、
食べやすい大きさに切って
姉の病院へ届けた。
明日の撮影の仕込みと
買い出しをすませると、
1日は忙しく過ぎた。
夜は久しぶりに、
じゃがいもと鮭缶を使ったコロッケ。

6／30

くもりのち晴れ

ほぼ1日がかりで『四季dancyu』の撮影。
晩ごはんは外で食べようと出かけるも、
さまよった末に
チェーン店のような寿司屋に行きついた。
美味しいものと、美味しくないものの
差がすごかったけれど、
撮影をやりきった充足感で、すべてよし。

7／1

晴れ

吉本ばななさんの『アナザー・ワールド―王国その4―』を読みながら、ミコノス島のザジキを作ろうと思いたつ。野菜やパンと合わせてみた。野菜メインの食事も楽しい。

ザジキ

●材料（作りやすい分量） きゅうり 2本／にんにく 1かけ／ギリシャヨーグルト（普通のヨーグルトの水を切ったものでもよい） 400g／レモン汁 大さじ1／塩 適量／オリーブオイル 大さじ1 **●作り方** きゅうりは皮をむき、縦半分に切って種を取り除き、すりおろして軽く水けを絞る。にんにくをすりおろして合わせ、ヨーグルトとレモン汁を加え混ぜる。塩で味を調え、仕上げにオリーブオイルをひとまわしする。

7/2

晴れ

午前中、家人とNOMA t.d.の展示会へ出かけてから「eatrip soil」のフィッシュマーケットにすべり込む。マグロ、しらす、塩辛、ハマグリを購入。ついでに、きゅうり、谷中しょうが、ココナッツヨーグルトも。

夜は森くんも一緒に食卓を囲んで、唐揚げ、うなぎの白焼きなど。とにかくたくさん作って、気ままな時間を過ごした。

7/3

くもり一時雨

朝は「ユヌクレ」のベーグル。
夜はマグロの刺身と、厚揚げ、カニ汁。

オムレツは店で食べたい派。

7/4

雨

用事をこなす休日。
豊洲のホームセンターへ行き、
スーパーで買い出しをすませ、
おなかがすいて通りかかった
イタリアンで晩ごはんにする。
パスタにフリッタータ、
気軽でよかったな。

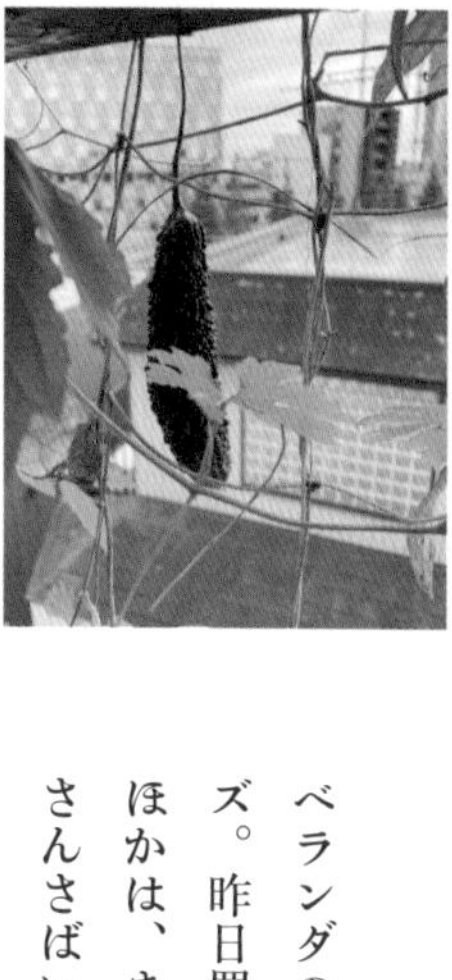

7/5

くもりのち雨

ベランダのゴーヤを収穫する、かわいいサイズ。昨日買った新鮮なイワシを梅煮にして、ほかは、きのこのスープなど。イワシをたくさんさばいたので、ちょっと手が生ぐさい。

イワシの梅煮

●材料（4人分）イワシ 20尾／梅干し 8個／しょうが 1かけ／酢 200㎖／みりん 大さじ1

●作り方 しょうがは細切りにする。イワシは調理ばさみで頭とワタを取り除き、腹の中を洗う。イワシは重ねずにぴったり収まる鍋に並べ、酢を注いで中火にかける。汁が半分ほどに減ったら梅干しとみりんを入れ、汁けがなくなるまで煮詰める。器に盛り、しょうがをのせる。

7/6

くもりのち晴れ

昼間は原稿を書いて過ごし、
夜は肉を焼いて食べた。
スタミナをつけるには、
やっぱり肉だよね。

7/7

くもりのち晴れ

人が集まる七夕の夜。

いろいろな締め切りが重なっているこのごろ。夜になって、渡辺康啓氏の料理会に出かけた。自分には絶対に真似できない、正確な料理。きちんと正解があって、100点！　みたいな感じ。くるみの木のオーナー・石村由起子さんにもお会いできて、たくさんお話をさせていただいた。

7/8

くもりのち晴れ

あまりにもすごい事件が起きて、
言葉にならない。
チョビをぎゅっと抱きしめた。
夜は淡々と鶏の親子煮を作る。

7/9

くもり

昨日の余韻で、
何かをしようという気が起こらない。
でも、そういうときこそ、
しばらく会っていない誰かに
手紙を書いたり、
力がわくような何かを食べないとね、
と思う。

7／10

くもりのち晴れ

姉の病院まで、うなぎを届ける日。「前川」に電話を入れてうな重弁当を作りおいてもらい、その足で病院へ向かう。途中「つる瀬」に寄って、もなかとくずまんじゅうも買い求めた。

夕方になって「eatrip soil」に寄ると、かき氷が目に入った。かぼちゃ、黒ごま、あんこ、きな粉がのっている。いろいろな美味しさが交わる独特な味わいが、束の間、異国を旅している気分。どこかへ出かけたい。

7/11

くもり

マンション2階の自宅で再びチョビと暮らすことになり、寝室の片づけを始めた。この7年は、5階に住む高齢の姉妹の部屋にいて、彼女たちに寄り添い、見守るという大役をになっていたチョビが、姉妹の入院によって僕のもとへ戻ってくる。トイレコーナーも新設、準備万端。

夕方からは銀座へ出かけて「凛」でコーヒータイム、広島のアンテナショップで「日章冠」のかす漬けを買い、今度は御徒町へ向かって「吉池」と松坂屋に立ち寄る。家人はお気に入りのシャツ屋さんへ、ウキウキしながら出かけていった。

帰宅後、吉池で見つくろった刺身を用意した。半額で買ったイカ刺しは、ちょっとした副菜に。あっという間の休日だった。

7／12

くもりのち雨

久しぶりに清澄白河へ行き、日本仕事百貨の中村健太氏に会う。彼がいなければsaroの誕生はなかった、いわば大恩人である。久しぶりに仕事をすることになりそうで、打ち合わせ。とてもうれしい。

東雲の「イオン」、人形町、日本橋三越とまわって帰宅。冷蔵庫の余りものを整理すべく、カレーを作ることにした。

明日は仕込みの日、原稿もやらなくちゃ。

7/13

雨のちくもり

お弁当の買い出しと仕込みで、
あっという間に夜。
「日山」で買ってきた牛肉を焼き、
冷蔵庫に余っていた里いもを
ポタージュにした。
明日に備えて、早く寝るとする。

7/14

くもりのち雨

大量のお弁当をスタジオに届けたあと、千駄ヶ谷「Pho321」で、しのちゃんとランチ。さすがに疲れたので夜は簡単に、高島屋の催事で買ってきたサバ寿司ですませた。

サバ寿司が大好きだ。

7／15

雨

土砂降りのなか、川崎まで用事に出かけた。買い出しをしながら帰ってきて、森くん、典美さんと合流。「焼肉 穏」へスタミナをつけにいく。最後、アトリエに寄ってもらってコーヒータイム、そのままチョビにも会ってもらうと、チョビがかわいい声でごあいさつ。典美さんの顔が、くしゃくしゃになっていた。チョビもふたりに会えて、うれしそうだった。

7/16

雨

夜、メグちゃんが来て、取り寄せていた水キムチを一緒に食べ比べる。大阪「水キムチあらい」の無化調水キムチ、定番水キムチ、水なすの3種類。青唐辛子とにんにくが入っていて、意外と辛かった。アミノ酸たっぷりの汁を摂取したので、翌朝にかけて、体内の老廃物が排出されそうな気がしている。

7／17

くもりのち雨

マンション1階のアトリエに、前くんの〝波〟の写真を設置する日。前くん、イマタツ氏が来て、ドリルで壁に穴をあけていく。この写真は前くんの写真展で、エントランスに飾られていた象徴的な1枚。その後、吉田青年も合流、家人も帰宅し、2階の部屋でわいわいとごはんを食べる。アトリエに移動して除幕式をし、写真を見ながらコーヒーを飲む。尽きない話。青春感。何かが始まる予感。

7/18

くもり

六本木のEXシアターで、ハナレグミのライブ。前の席に座られたのが、ハナレグミこと永積タカシくんのご両親だった。ライブ中、ご両親の背中を眺めながら、親孝行だなあと感動していた。自分は親孝行ができているのかなあと、ふと考える。お母さまの眼差しの先を見つめながら、僕にも天国からそういう眼差しが向けられているのかな、とも考える。六本木の中華屋さん（何度行っても名前を忘れてしまう店）で、ごはんを食べて帰宅。余韻にひたりながら、静かに眠りについた。

7/19

くもり一時雨

お弁当の仕事を終え、
夜は、お弁当の残りの唐揚げ、
焼き魚、おひたしなど。
今日はCat's ISSUEの
オリジナルタンブラーが
届いたのだった。
モデルはチョビ。
大事に使おう！

7/20

くもりのち晴れ

夏の陽気が気持ちいい夜、ビーツの冷たいポタージュが好評だった。ビーツは焼かなくてもいいのだけど、僕は焼いたほうが美味しいような気がしている。

ビーツの冷たいポタージュ

●**材料**（2人分）ビーツ中1個／玉ねぎ½個／水300mℓ／豆乳（牛乳）200mℓ／バター大さじ1／顆粒コンソメ小さじ1／塩・こしょう各適量 ●**作り方** ビーツはホイルに包み、180度のオーブンで1時間ほど加熱し、皮をむいて適当な大きさに切る。玉ねぎはみじん切りにする。鍋にバターを熱して玉ねぎを中火で炒め、ビーツを加えてよく炒める。水、コンソメを加え、沸いてきたら火を弱めて10分煮込む。粗熱がとれたらミキサーに入れて撹拌し、鍋に戻す。豆乳を加えて弱火にかけ、ひと煮立ちしたら塩・こしょうで味を調える。冷やしていただく。

7/21

くもりのち雨

役所へ行って用事をすませ、
HADEN BOOKS:で
連載の打ち合わせ。
夜はうなぎのかば焼きと、
自宅で収穫したゴーヤのチャンプルー。

7/22

くもりのち晴れ

今日はメグちゃんに紹介してもらった、経堂のはなまる整骨院へ。着替え用に古着的なおしゃれTシャツがそろうなか（しかもふんわり、洗濯が行き届いている）、たまたまNOMA t.d.の古いTシャツを渡されてうれしい。経堂ってはじめて来たかも、と思いながら街を歩き「オオゼキ」に寄り道する。

夜は、柳カレイ、ほかは野菜。

温かな1日だった。

7/23

晴れのちくもり

恭司さんからの依頼で、満島ひかりさんの撮影現場にお弁当を届けた。こんなに風通しのよさそうな現場は、はじめて見たかも。

HADEN BOOKS: に戻り、午後からは美雨ちゃんのエッセイ本のサイン会。あまり告知をしなかったので心配したけれど、人・人・人の洪水で、なまこもがんばってコーヒーを淹れてくれていた。コーヒーが美味しい、と典美さんからのお墨付きもいただき、1日を通して温かな時間が流れた。

夜は、美雨ちゃんにもらったウニをパスタにして、トマトのファルシー、ビーツのスープ。

7/24

くもりのち晴れ

昨日がドタバタだったので、
チョビと1日、のんびりと過ごした。
夜はお弁当に使ったおひたしを
お椀に仕立て、
手羽元と大根を酢で煮たものや、
焼き魚で簡単に。

7/25

くもり

いよいよチョビの引っ越し（5階→2階）を明日にひかえて、2階の片づけを完了させた。

夕方、東中野にあるアベクミコさんの「DDD」へ出かけて、典美さん、和田さん、ツレヅレハナコさんとタイ料理に舌つづみを打つ。流れるような手さばきで料理を次々に作るアベさんは、スナックのママのような目配り・気配り。どれも美味しかったけれど、アジといちじくの組み合わせは斬新だった。どこか旅へ出たいなあ、そんなことを感じさせる味わい、開放的で楽しい夜だった。

7/26

雨のちくもり

チョビの引っ越し当日。こまごまと片づけをしてから、夕方、恭司さんが来るというのでお茶の支度をする。9月に行われるトークイベントの話をしつつ過ごして、いよいよ上階からチョビを連れてきた。またここに戻ってきたのか、という面持ちで、部屋じゅうをパトロール、パトロール、くまなくパトロール。しばらくして、ベッドの上にコロンと寝た。そうだよね、このベッドでずっと寝ていたのだから。これはチョビのベッドだよ。チョビが5階の姉妹の部屋で暮らしている間も毎日会っていたけれど、なんだか「おかえり」と言いたくなった。本当にありがとうねえ。

冷凍庫からジンギスカン用の肉を引っぱり出して、野菜と一緒に焼いた。食卓で食べている様子を、チョビが不思議そうな顔で眺めていた。これからは、ずっとずっと一緒だよ。

7／27

くもりのち晴れ

今日もできるだけ家にいるようにしたけれど、チョビはもう、すっかり落ち着いていた。

夜は冷やし中華。具は毎回適当で、蒸し鶏、錦糸卵、きゅうり、トマト、ねぎ……なんでものせたら美味しいよね。

7/28

晴れのち雨

肉じゃがと、ひじきを煮た。毎回適当に作ってしまうひじき煮は、自分のなかで美味しい日、なんだか美味しくない日がある。今日は食べきりたい厚揚げを加えてみたのだけど、美味しくできたからうれしい。

ひじき煮

●材料（4人分）ひじき（乾燥）25g／にんじん½本／厚揚げ1枚／こんにゃく小1枚／A（だし400㎖、しょうゆ大さじ1、砂糖大さじ2）／オリーブオイル大さじ1 ●作り方 ひじきは水で戻す。こんにゃくはアク抜きし、厚揚げとともにひと口大に切る。にんじんはいちょう切りにする。鍋にオリーブオイルを引いてひじきを中火で炒め、油となじんだら、にんじん、厚揚げ、こんにゃくを加えて軽く炒める。Aを入れ、煮汁がなくなるまで煮込む。

7／29

くもりのち晴れ

チョビとのんびり過ごす。
ベッドで一緒にゴロゴロするだけで幸せ。
夜は煮麺にしよう。

いつもの3人でお祝い。

7／30

晴れ

メグちゃんの誕生日会。美雨ちゃんやその子供たちと一緒に「PST」へ出かける。美味しいピザをみんなでもりもり食べ、車でみんなを送る帰り道――「とらや」の小形ようかんをかじる子供たちの昭和感たるや。

お昼をかなりしっかり食べたので、夜はそばであっさりと（……大量にゆですぎた）。

7／31

晴れ

チョビがソファに登って
陽の光を浴びている姿が尊く、
その様子を眺めているだけで、
とても幸せな気持ちになる。
夜は、きゅうりとひき肉を使った煮麺、
ブリの塩焼き、
トマトと卵の炒めもの、水キムチ。
7月もあっという間に終わったな。

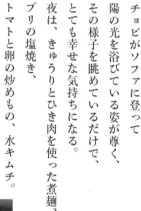

香港のおかゆが好き。

8/1

雨のちくもり

休日。晩ごはんは、以前から気になっていた南新宿の香港料理店へ。料理を食べながら、無性に香港へ行きたくなった。昔、香港が好きでよく出かけ、いつかナッツフォードテラスという場所に店を出したいなあ、なんて考えていた。美味しいエビワンタンも食べたいし「陸羽茶室」で飲茶もしたい。返還後、街は、人々の暮らしは、どう変わったのだろう。

8/2

くもり一時雨

陽子さんに誘われて、
外苑前に新しくできた
WABARA東京店のイベントへ。
バラのお茶と
「菓子屋ここのつ」のバラのお菓子を堪能した。
そのあと美雨ちゃんと
「THE CITY BAKERY」へ行き、
おやつをつまむ。
夜は、にんじんのポタージュ、
鶏むね肉の唐揚げ、
水キムチは夏によく合うなあ。

8/3

くもりのち雨

友里ちゃんが急に遊びにくることになり、
アトリエで晩ごはんを一緒に食べた。
桃のコンポート、
バナナとココナッツヨーグルトのアイスを
持参して作ってくれた、
ピーチメルバが幸せな味だった。
僕の作ったごはんは、なんだかポンコツ。

8/4

雨

久しぶりにオカコージと会い、
新大久保の「美苑」で焼き肉ランチ。
土砂降りのなか、
翌日の撮影に必要なものを
買い出しして帰宅する。
昼も肉だったというのに、
夜も肉を焼くとは。

8/5

くもり

「北欧、暮らしの道具店」の撮影初回。張りきったぶん夜は疲れて、ひき肉を使ったカレーのようなものと、水キムチ、冷ややっこ。

カレーのようなもの

●**材料**（2人分） ひき肉250g／玉ねぎ½個／パプリカ1個／なす2本／インゲン1袋／ゆで卵1個／カレーペースト大さじ2／にんにく・しょうが（みじん切り）各大さじ1／オリーブオイル大さじ1 ●**作り方** 玉ねぎはみじん切りにする。パプリカ、なすはひと口大に、ゆで卵は半分に、インゲンはゆでて食べやすく切る。鍋にオリーブオイルを引き、にんにくとしょうがを中火で炒め、ひき肉を加えほぐし、玉ねぎも加えてよく炒める。パプリカ、なす、インゲンを入れ、カレーペーストを加えて全体を軽く混ぜ、水をひたひたに注いでひと煮立ちさせる。器に盛り、ゆで卵を添える。

8/6

くもり

刺身とグラタンはわが家の定番。

今日はリエちゃんを招いて晩ごはん。ホタテとマグロとタコの刺身に、エビのグラタン。チョビも「久しぶりだねー」という顔で出迎えていた。こういう瞬間、またチョビと暮らせていることがいちだんと愛おしく、姉の介護で失われていた、自分の時間を巻き戻す軸にもなっている。

8/7

くもりのち晴れ

ホタテは刺身に、
タコはキムチと炒め、
手羽は大根と一緒に煮て、
昨日炊いたごはんは
もずく雑炊にして晩ごはん。
夏の水キムチはやっぱり最高だ。
ひとりだったら、
ずっと水キムチをすすっていると思う。

8/8

晴れのちくもり

NEWoMan横浜へ、イベントの打ち合わせに出かける。商業施設なのに窓があって、海も見えて気持ちがいい。打ち合わせのあと、飲食フロアのメキシカンで軽く1杯。目の前でワカモレを作ってくれる光景が、しらじらしくも楽しい。

ホームセンターで猫草を買い、夜は蒸し鶏が食べたくなって「徳記」へ向かった。いちばん美味しかったのは、きゅうりとにんにくの和えもの、それとエビチャーハン。

チョビが怒っているかなあと思ったけれど、やさしくニャアンと迎えにきてくれた。いつも一緒なのは、やっぱりうれしい。

8/9

くもりのち晴れ

原稿をいくつか脱稿してほっとする。
今晩は森くんとごはん。
わが家も日々いろいろあるけれど、
彼にもいろいろある。
店の移転がもうすぐで、
新店舗の工事が始まったそう。
とにかくまっすぐな性格だから、
わが家に来たときくらいは、
力が抜けたらいいなあと思う。
彼を何かに勝たせたくて、カツを揚げた。

POPEYE
Magazine for City Boys
シティボーイ、はじめて1人でバーに行く。
9

8/10

晴れのちくもり

『POPEYE』の連載2回目が公開された。反響はどうなんだろうか、まあ、自分を信じてがんばろうと思う。

夜は、オカコージとミキちゃんが久しぶりにわが家へ来た。代々木で一緒に、まずい引っ越しそばを食べたのも懐かしい。そしてオカコージがsaroを手伝ってくれた年、それが僕にとってはいちばん楽しい年だったなあと思う。寝坊しておきながら「なんで起こしてくんなかったの?」と僕に言える、彼との相性はとてもよかった。もっとも、今は大人になっちゃったのだろうけど。

8/11

晴れ

今夜はアトリエで、なまこの夏休みの自由研究のお手伝い＝「唐揚げを揚げる会」。買い出しからがんばるなまこが、重い荷物を抱えてやってきた。手製のお品書きによると、からあげ、なつやさいのあげびたし、おくらのごまあえ、きゅうりのなむる、とうもろこしごはん、ぱくちーさらだ、さかなのかるぱっちょ。 野菜を切るところから始め、肉の下ごしらえと、工程はなかなか多い。揚げものの途中、鍋のそばで熱されていたボウルを、なまこが触って「熱い！」となったが、泣くこともなく流水で冷やして、次の作業もがんばった。根性があるなあ。

唐揚げも上手に揚がったころ、メグちゃんが到着。どれもこれも美味しくできた。本人も満足げでなにより。料理が楽しい、料理が好き、そう思ってもらえたらうれしい。

8／12

くもり

朝食べた「ユヌクレ」のスコーンが
美味しかった。
吉田青年が、自作のモビールを
持ってやってきた。
一緒にごはんを食べながら、
いろいろな話をした。
すごく活躍しているのに、
野心がないような、あるような、
そんな吉田青年が僕は好きだ。

とても繊細なメキシカン。

8/13

雨

アトリエに冷蔵庫を購入したと思ったら、家のメインの冷蔵庫が壊れた。最初は冷凍庫が、やがて冷蔵庫も。

気を取り直して「エルカラコル」へ出かけ、メキシコ料理を堪能。タコスもセビーチェも大満足の、いい夜になった。

しかし、冷蔵庫はどうしたものだろう。

8／14

くもりのち晴れ

冷蔵庫がないのは不便だけれど、仕方がない。
あの冷蔵庫を入れ替えるには、
周辺の棚を3つどかさなければならない。
それは、もはや引っ越し……。
うどんをゆで、天ぷらを揚げる。
さて、どうしたものか。
暫定的に小さな冷蔵庫を導入しようかなあ。

8／15

くもり

Cat's ISSUEの日めくりカレンダーが、今日はチョビの日でうれしい。

ドライブがてら、つくばへ出かける。久しぶりに「Groovy」でパスタランチ。何十年ぶりだろう、懐かしい。しかし、夜に入った回転寿司店は不思議だった。〝炙り〟がウリの店らしいけれど、炙りというより焼き魚。寿司だと思うとひどくまずい、しかし、おにぎりだと思えば、ややまずいくらいに感じる。

帰りを待っていたチョビとニャアニャア遊び、休日の夜は更けていった。

8／16

くもり

「人舟」からパンが届いたので、夜はそのパンとキッシュ、サラダ。白インゲン豆はポタージュに加工した。豆は戻して常備しておくと、なにかと役に立つ。

白インゲン豆のポタージュ

●材料（2人分）A（白インゲン豆水煮 200g ※ゆで汁100mℓも使う、水 100mℓ、顆粒コンソメ 大さじ1、ローリエ 1枚）／玉ねぎ½個／バター 大さじ1／牛乳 200mℓ／塩・こしょう 各適量／オリーブオイル 適量 **●作り方** 玉ねぎはみじん切りにする。鍋にバターを熱して玉ねぎを中火で炒め、Aを加えてひと煮立ちさせる。ローリエを取り出し、粗熱がとれたらミキサーで撹拌し、鍋に戻す。牛乳を加えて弱火にかけ、ひと煮立ちしたら塩・こしょうで味を調える。器に注ぎ、オリーブオイルを垂らす。

8/17

くもり一時雨

しのちゃんと代々木上原で待ち合わせ、植松良枝さんの「ホップを食べる」イベントに出かける。麦っぽいものを想像していたら、じつはすごくかわいい植物だった。フリットが美味しい。山菜みたい。ほかにも、グレープフルーツとホップのマリネが秀逸だった。グレープフルーツにメープルシロップをかけるという発想が凡人の僕にはなくて、その斬新さに感動したのだけど、まあ、そこは比較しても仕方ないよね。

夜はサバを焼き、かす汁を作った。

8／18

雨のち晴れ

今日はエリツィンと待ち合わせ、
南青山の「buik」へ。
ビーツの冷たいポタージュが、
すっきりしていながら
生命力！　という感じの味。

8/19

晴れ

相続税を納めに銀行へ。手続きをすっきり終えて、しのちゃんと代々木の「パラボラ」でラザニアを食べる。チョビにはアジの刺身をお土産に買って帰った。

その後、支度をして横浜へ。NEWoMan横浜でのイベントの準備、いいスペースを用意してもらって本当にありがたい。本日二度目のチョビへのお土産は、たたみイワシ。袋をあけると、目を丸くして駆け寄ってきた。

8/20

くもりのち雨

早々に横浜へ出かけて、NEWoMan横浜。イベント前に「SALON BUTCHER & WINE」でハンバーガーを食べる。牛の赤身肉を使っていて、ペロリとたいらげても胃もたれしなかった。美雨ちゃんや正子さん、前くん、みんな忙しいなか来てくれてありがとう。夜になり、近くの火鍋屋さんで鍋を囲む。しのちゃんは激辛のスープを美味しそうに食べていた。本日もお疲れ様でした。チョビへのお土産は「ブラフベーカリー」のクロワッサン、チョビがいちばん関心を示すパンなのだ。

8/21

くもり一時雨

横浜でのイベントが終わり、
今日は引き続き、青山で。
疲れはてたので、夜は刺身ですませる。
刺身は吟味するのが肝心で、
あとは切れば完成。

8/22

雨のちくもり

怒涛の週末を終えての休日。おせちの撮影に向けてしつらいのよい和食が食べたくなり、パレスホテルの「和田倉」へ。野点箱に入って出てくるスタイルが素敵だ。細かい包丁使い、繊細な火入れ、豆皿で少しずついただく満足感。日々の食卓を反省する。そのまま、ソニーパークで始まった〝器つか本〟の催事に寄り、先ほどの反省とは裏腹、大きな皿を購入した。

帰宅後、おなかがあまりすいていないせいでイメージがわかず、焼きそばと、冷凍の春巻きなんかで晩ごはん。チョビとのんびり、夜を過ごした。

8/23

くもりのち晴れ

アトリエのキッチンを
いよいよ形にするため、
大門さんと打ち合わせ。
大門さんという名前は、
失敗しなそうで頼もしい。
夜は、ささみをフライにした。
冷蔵庫が壊れてからの
〝ワンドア冷蔵庫生活〞も悪くない。

8/24

くもりのち雨

今日は、はなまる整骨院の日。
これで3回目。
院長にゴリゴリ押されて、体がととのった。
経堂という街へ行くのも楽しい。
「鉢の木」のもなかが美味しかったから、
次回もまた買おう。
「オオゼキ」で買い出し。
家人が今夜は鍋がいいと言うので、
新宿の高島屋で鴨肉を買い足して帰った。
いつか、にぎやかな商店街のある街にも
住んでみたいな。

8／25

くもり

美雨ちゃんが典美さんのところへ行くと言うので、急いで支度をして出かける。「しまだ」で昼食、昼に来たのははじめて。

典美さんが美しい布を見せてくれた。アトリエで使おうかとも考えたけれど、もっと価値のわかる人のもとへいったほうがいいよなあ、と静観する。

8/26

くもりのち雨

「銀座煉瓦亭」で早めの晩ごはん。ここのレモンスカッシュは佇まいがよい。野菜サラダとカニコロッケを食べた。
そのままSigur Rosのライブを見に有明へ。びっくりするほど音響がよかった。まぶしい光、なんだか久しぶりにライブに来たぞーーー！という解放感。たっぷり3時間だったので、家人の晩ごはんは、高島屋の「なだ万」で買いおいたお弁当。チョビのごはんも託して。

8/27

くもりのち晴れ

「eatrip soil」のフィッシュマーケットで、
マグロ、タコ、しらす、豆腐、
ココナッツヨーグルトを買って帰宅、
器に盛って食卓へ。

8/28

くもり一時雨

今日は原稿をやるかなあと思っていたら、美雨ちゃんから「アンセムさんのお店に行かない？」と誘われて出かける。野菜を入れたりする大きなかごを買って大満足。

帰りに神田明神の「天野屋」でお茶をする。僕は田舎しるこ、美雨ちゃんはくず餅と田楽のセット。明日こそ原稿をやらないと。

8/29

晴れのち雨

僕はお弁当の仕込みと原稿書き、家人は庭いじり。チョビは窓辺で、階下の庭から聞こえるガサガサという音のほうを眺めていた。

気づけば夕方、家人がコンタクトレンズを買いに渋谷のビックカメラへ行くと言うので、ついていく。慣れないスクランブル交差点を渡りながら、聞き覚えのある歌声だと思ったら、大きな画面から美雨ちゃんのカフェオーレのCMが流れていた。

用事をすませ、韓国料理店でごはんを食べて帰宅。まずくはなかったけれど、美味しくもなかったかな。

8/30

くもりのち雨

今日は森くんにお弁当を届ける。今月唯一のお弁当の仕事、そして、しのちゃんがいなかったので、久しぶりにすべてひとりで詰めた。店の移転工事は山場を迎え、いよいよ大変そうだった。

帰宅して原稿を書いたり雑用を片づけたりしつつ、夜はリエちゃんと近所の「鮨 心陽」へ。いい意味で〝東京〟という感じのしない店。刺身の分厚さに親しみを覚え、またすぐに来たい気持ちになった。近所に通いたい店をやっと見つけた。

夜はまだ続く。森くんから連絡があり、棚を譲り受けることになったのだ。夜中にハイエースで届けてくれた。ありがとう、大事に使わせてもらうね。

8/31

くもり一時雨

午前中、ラジオの収録。午後は編集の茜さんと、この日記の打ち合わせ。夜は豚肉を焼いて、レタスとキムチと一緒に食べた。

チョビが家人の枕の上で、ずっと寝ている。かわいいなあ。

9/1

くもりときどき雨

「僕が食べてきた思い出、忘れられない味」の取材で、近所の「CHACOあめみや」へ。前田編集長の仕切りでテンポよく進んだ。1キロの肉のかたまりに舌つづみ。赤身であっさりしているから、4人でペロッとたいらげてしまった。肉を頬張るそばから、明日も食べにこようかなあ、なんて思ってしまう。晩ごはんは、冷蔵庫の余りもので簡単にすませた。夕方に食べたばかりなので、作る気力がわかないまま。

9／2

くもりときどき雨

野村くんの個展を見に馬喰町へ出かけ、
僕の今の心情を表したような絵を見つけた。
たくさん展示されていた絵のなかでは、
最新作とのこと。
帰りにイワシを買ったから、
晩ごはんはフライにしよう。

9/3

くもりのち晴れ

恭司さんとミカちゃんが来る。ふたりは野菜メインで。僕らもふだん食べすぎているから、こういうメニューの日も必要なのだ。焼きいもをしのばせたビーツのサラダが好評だった。

ビーツのサラダ

●材料(4人分) ビーツ 大1個/さつまいも 大1本/レモン汁 大さじ2/オリーブオイル 適量/塩 適量 ●作り方 ビーツとさつまいもはそれぞれアルミホイルに包み、160度に予熱したオーブンで焼く(ビーツは60分、さつまいもは90分が目安)。冷めたら、ビーツは皮を落としていちょう切りにし、レモン汁とオリーブオイルで和え、塩で味を調える。さつまいもは食べやすく切って器に盛り、ビーツをのせる。

9/4

くもりのち晴れ

メグちゃん、コンちゃんと待ち合わせ、仲よく手をつないでHADEN BOOKS:まで。店に着くとコンちゃんがコーヒーを淹れてくれて、別れ際にはギューッとしてくれた。いつまでしてくれるかなあ、走り去るうしろ姿を見送りながら、そんなことを思った。

9/5

くもりのち晴れ

昼間は原稿を書き、料理をしながら過ごしていた。夜、角田さん、沙知絵さん、じょうはんがアトリエにやってくる。じょうはんの好きな玉こんにゃくを2パック分煮たら、全部食べてくれて驚いた。大量のビール、大量の玉こん、すごくやせているのにどこへ消えていくのだろう。

角田さんは、多いときには連載が30本あったそうだ。「まだまだ受けられるから、がんばって書いて」と背中を押された。そしていつも、僕が口からもらさぬモヤモヤした本音のようなものを、そっと言葉に置き換えて、心の中から引きずり出してくれる。すっきりさせてくれてありがとう！ という気持ちになる。ああやって作品を作っていくのかなあ。

9/6

晴れ一時雨

白水社の連載をやっとまとめた。
だんだんいろいろな締め切りが
わからなくなってきたから、
迷惑をかけないようにしなくては。
夜は森くんがごはんを食べにきた。
店の移転と新店のオープン間近で、
珍しくフラフラになっていた。
スタミナをつけてほしいから、
唐揚げや太刀魚、野菜もたくさん、
そしてハマグリのお椀。
チョビはもうすっかり慣れていて、
頭をなでられ、気持ちよさそうにしていた。

9／7

くもりのち雨

『暮しの手帖』の鍋料理特集で、鴨鍋を紹介することにした。今日はその撮影日。スタッフはわが家へ来る直前、ツレヅレハナコさん宅で撮影をしていたそうで、彼女の作った参鶏湯を届けてくれた。うれしい。今夜はありがたく参鶏湯。美味しかったよ、ハナコさん！

9/8

くもりのち雨

明日は姉が転院するので、
病院へと荷物を引き取りにいった。
しばらく居座ったから
牢名主のようになっていたのかな、
大荷物を渡され、会計をすませた。
晩ごはんを作るのが億劫になり、
松屋銀座の「三友居」で
お弁当を買って帰る。
チョビの顔を眺めながら
お弁当と鴨のお椀を食べ、
食後に「とらや」のもなか。
僕が食べるのは
「御代の春（白あん）」だけ。

9/9

くもり一時雨

今日は姉の転院の日、妹と同じ病院に決めた。介護タクシーが迎えにきて降りてくる間、複雑な気持ちで待っていた。もう4カ月くらい電話もかかってこず、病院へ荷物を届けたり、回収したりのやりとりだけ。手紙を添えたりはしていたけれど、どういう心境でいるのか、まったくわからなかった。

看護師さんに好きな食べものはなんですか？と聞かれ「チョコレート、アイスクリーム、寿司、うなぎ、天ぷら、激レアな牛肉、生ガキ……」答えながら思わず笑ってしまった。病室に落ち着いた様子を見届け、病院をあとにする。やさしい表情で手を振ってくれていた。

夜は清澄白河。「O2」という中華店での食事会に参加。揚げたエビワンタンが美味しく、立派なフカヒレも久しぶりに食べた気がする。

9／10

くもりのち晴れ

午後、大門さんと
アトリエに入れるキッチンの打ち合わせ。
夕方にはしのちゃんもやってきて、
片づけを手伝ってくれた。
夜は、典美さんと森くんとアトリエでごはん。
姉が転院し、
ひとつの節目を終えた晩ごはんは、
ほっとするひととき。
「日山」で買った、
かたまり肉を焼いたら好評だった。
ふだんなら塩とわさびなのを、
たれを作ったからかな。
コロッケは慌てて成形したから
破裂したものもあったけれど、
喜んでもらえたからうれしい。

トマト湯麺はやさしい味わい。

9/11

くもり

晩ごはんを作る気力がすっかりなくなり、
新江古田の「白龍トマト館」へ。
想像したものとは違っていたけれど、
生春巻きが美味しかった。
近ごろ自分的に流行っているレタス包みには、
とうもろこしが入っていた。
シメはやっぱりトマト湯麺。
近所に住むのりおに連絡するも、
返事がこなかったから、また近々。

9／12

くもりのち雨

夜、原田くんの新居にお邪魔する。レタスに包む炒めもの、ワカモレなどを作った。なおちゃんがせっせと作ってくれた、春巻きがすごくよかった。いい家だったなあ。

ワカモレ

●材料（4人分）アボカド 大1個／トマト 小1個／紫玉ねぎ ⅓個／パクチー 1株／にんにく 1かけ／ライムの搾り汁 1個分／タバスコ（緑）適量／塩 適量 **●作り方** 紫玉ねぎはみじん切りにし、水にさらして水けを切る。トマトは湯むきし、ヘタを取ってみじん切りにする。パクチーはみじん切りにし、にんにくはすりおろす。アボカドは粗くつぶし、ライムの搾り汁と塩で和える。すべての野菜を加え混ぜ、塩、タバスコで味を調える。

9／13

くもりのち晴れ

昼、おっくんがアトリエにやってきた。やはり、うちを定食屋だと思っている。ごはんを食べにくる人は多いけれど、定食屋使いしているのは、おっくんだけである。本日は唐揚げ定食。彼は今、陶芸に燃えていて、自作の器を持参してくれた。

今日も晩ごはんを作る気力がわかず、冷蔵庫の余りもので作るレタス包みや、サーモンのカルパッチョ……いちだんと変な組み合わせになってしまった。

9／14

くもり

白水社へ出かけ、連載の打ち合わせ。タイトルは「マーマレードの夕焼け」——自分では思いつかない、いいネーミング。担当の杉本さんに「土桜」という雰囲気あるレストランへ連れていってもらうと、同行の緒方さんはビーフシチュー、僕はシャリアピン・ステーキを注文した。

そのまま経堂へと移動し、整骨院とスーパーに寄って帰宅。今日も今日とて晩ごはんがひらめかず、冷蔵庫の余りものを炒め、レタスに包んで食べるまで。

9/15

くもり

代官山のLOKO GALLERYへ、写真展の準備をしている面々にお弁当を差し入れる。当の恭司さんには会えず、表参道まで歩いてHADEN BOOKS:へ。途中、渋谷のペットグッズさとうで、チョビのごはんを購入した。

夜になり、買い出しをしようと新宿西口へ向かう。小田急百貨店は一部ハルクに移るけれど、この建物がなくなってしまうと考えると、なんだかさびしい。小田急百貨店から、京王百貨店へと続く光景が好きだった。京王百貨店はなくならないでね。

9／16

晴れのちくもり

恭司さんの写真展のため、LOKO GALLERYへ。オープニングのトークイベント「高橋恭司×麻生要一郎」に登壇する。家人や友人たちに見守られながら1時間。話す内容は事前に考えていったのだけど、結局、恭司さんに委ねた。少しは役に立てたのかなあ。帰り道の「豊前房」でうどんを食べる。来月の撮影のことなどもいろいろとお願いした。しょうがうどんを食べて、体はぽかぽか。

9／17

くもり

打ち合わせの帰りに「eatrip soil」のフィッシュマーケットへ寄り、カツオ、しらす、すじこを購入。タイミングよく友里ちゃんにも会うことができた。

夕方、恭司さんの写真展に顔を出したら、そこでも再び友里ちゃんに遭遇。突然、ギャラリーのカウンターの寸法を測りたいと言ってメジャーを取り出した友里ちゃんの小さなポシェットには、財布とメジャーだけが入っていた。いつも不思議な人だ。

晩ごはんは、カツオ、しらす、すじこ、買ってきたものを忠実に並べた。チョビはカツオをたくさん食べてくれた。また買ってくるね。

9/18

くもりのち雨

今日は台風。外には出ず、冷蔵庫の余りものでチキンフリカッセとミネストローネを作る。

チキンフリカッセ

●材料（2人分）鶏もも肉 1枚（300g）／玉ねぎ½個／しいたけ 1パック／エリンギ 1パック／パセリ（みじん切り）大さじ2／白ワイン 100㎖／A（生クリーム 100㎖、水 100㎖、粒マスタード 小さじ2）／塩・こしょう 各適量／小麦粉 適量／オリーブオイル 大さじ1

●作り方 鶏肉は食べやすく切って塩・こしょうをし、小麦粉をはたく。玉ねぎはみじん切りにし、きのこは石づきを取って食べやすく切る。鍋にオリーブオイルを引き、鶏肉を中火で焼く。玉ねぎを入れ、火が通ってきたらきのこを加え、白ワインを注いでアルコールを飛ばす。Aを加えてとろみが出るまで煮込み、塩・こしょうで味を調える。器に盛り、パセリをのせる。

9／19

くもり一時雨

午前中、佑資くんが始めたイベント「SANCHA HAVE A GOOOD MARKET!!!」へ。〝地域のいいもの〟が集まるなか「BROWN CHEESE BROTHER」のお菓子をはじめて購入した。ホエイで作られていて、ホロホロ食感が小気味いい。僕はプレーンが好き。

9／20

雨

今日は家人の誕生日、
すき焼きパーティの予定。
人形町へ牛肉を買いにいき、
日本橋三越に寄り、
マンダリンオリエンタルホテルで
マスカットのショートケーキを選んだ。
一式をDEE'S HALLに届け、
帰宅してほかの料理を作り、
再びDEE'S HALLへと向かう。
典美さんと森くんと一緒に、主賓を待つ。
45歳の目標は「毎朝コーヒーを淹れる」
とのこと……。
まあ、小さな目標でもいいけれど、
立てた目標は達成してほしい（笑）

9／21

くもり一時雨

御徒町の「三香園」へ行き、お茶とのりと昆布を買う。久しぶりに「吉池」にも出かけたものの、今日は品ぞろえがイマイチ。それでもチョビが刺身を食べるかなあと、魚の山からヒラマサを選んだ。結局、柵を切っている間はうれしそうにしていたチョビだけれど、それほど食べてはくれなかった。僕自身はカキフライを食べたいなあと思いながら、カキがなくて、ホタテをフライにした。美味しかったから、まあいいか。

下町の味。

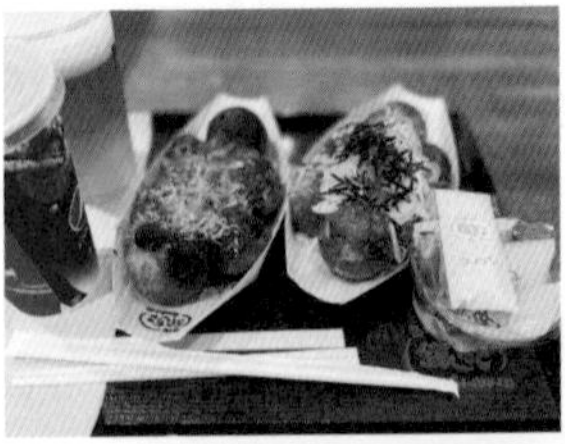

9／22

くもりのち雨

明日のお弁当の仕込みを終え、夜は、スカイツリーのプラネタリウムで美雨ちゃんのライブ。直前、小腹がすいて「築地銀だこ」に吸い込まれてしまい、入場したのは開演ギリギリ。三日月シートにおじさんふたりで着席する。ステージの真ん前に寝っ転がりながら、夜空を眺めて美雨ちゃんの歌声を聞く。徳澤青弦氏のチェロの音色が素晴らしかった。

終演後、ごはん難民になりかけたところを、遅くまでやっている中華屋さんを通りに見つけて、難を逃れた。iPadでのオーダー方式。メニューの料理写真が下手すぎて、注文するのもためらわれたけれど、実物はずっと品がよく、味もよかった。また行ってみたいな。雰囲気も値段も、気楽でよかった。

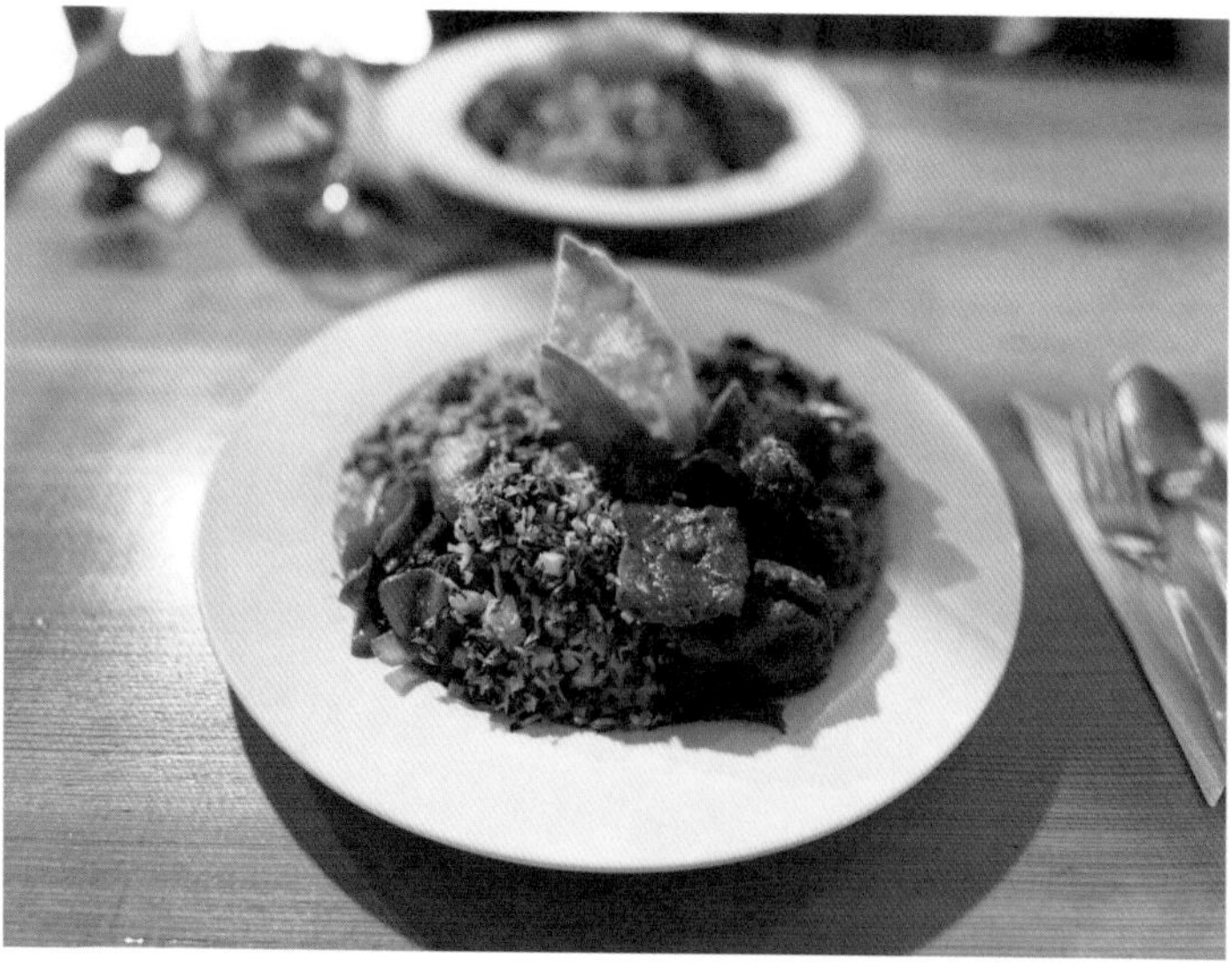

9/23

雨

今日はお弁当の仕事……しのちゃんが寝坊。ひとりでだいたい詰め終えたけれど、うりのかす漬けとみょうがの甘酢漬けを最後に詰めてもらい、四谷三丁目の「バンダラランカ」にスリランカカレーを食べにいく。居心地がよく、カレーも美味しかった。

道端でばったり、原田くん夫妻に会った。手を振ってくれていたそうだけれど、気づかなかったよ、ごめん。「HORAIYA」にどんこを買いに寄ってから帰宅すると、チョビがさびしそうに待っていた。

夜はサンマの塩焼き。なんだか、やせたサンマだったたな。

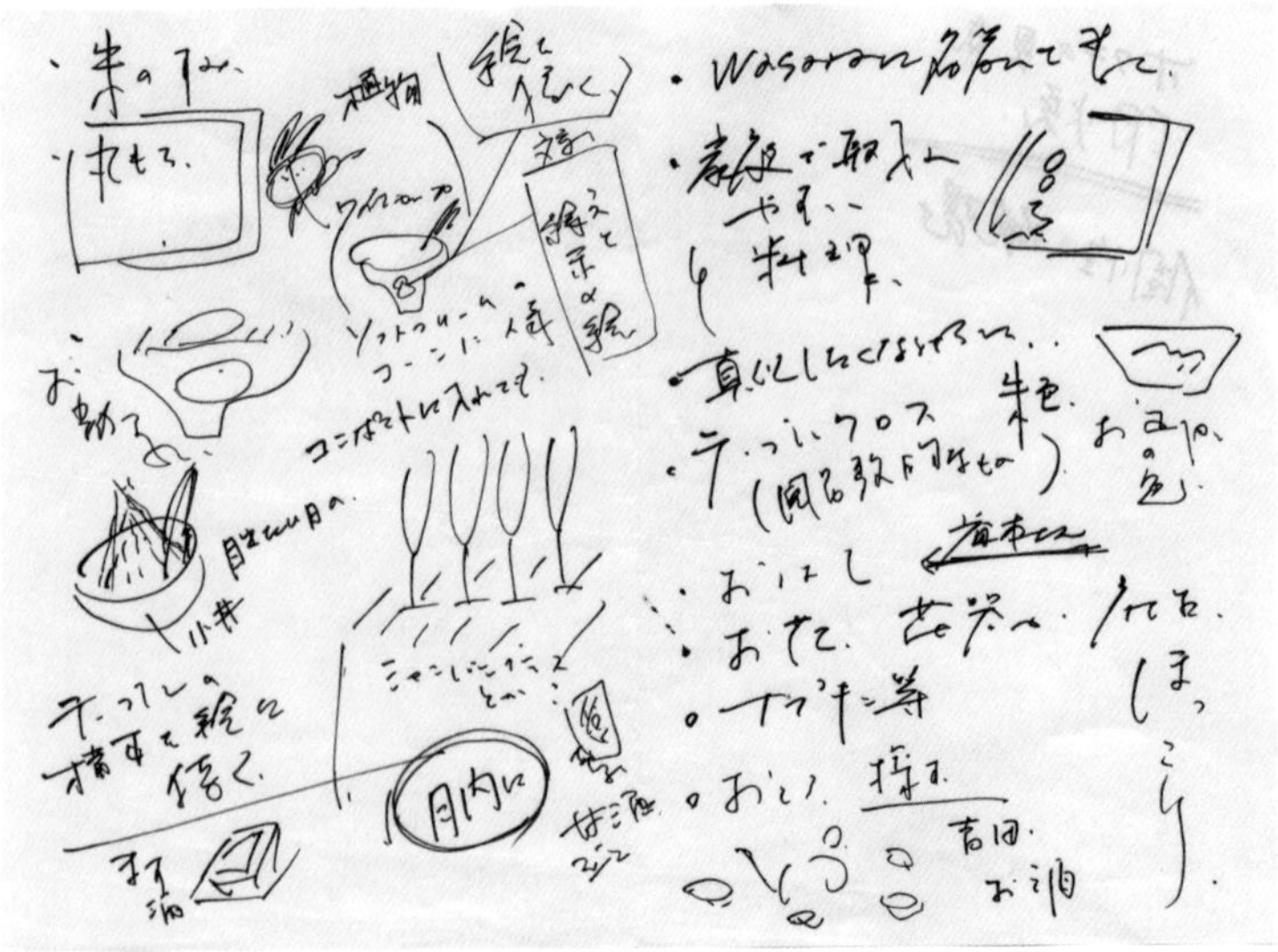

9／24

雨のちくもり

恭司さん×ハナレグミのタカシくんの
トークイベント。
典美さんを迎えにいき、一緒に出かけた。
LOKO GALLERYに併設する
「zenta coffee」でひと息。
対談は盛り上がっていた。
夜はWASARAの紙皿を使って、おせちの試作。
イマイチひらめいていない。
月曜までに考えをまとめないと。

9／25

晴れのちくもり

今日は朝から、お弁当とおせちの仕込み。夕方、買い出しをして閉店間際のHADEN BOOKS:に寄ると、恭司さんがいた。店を閉めて帰り道、近所のイタリアン「タンタボッカ」に入った。シーザーサラダ、牛ハツのタリアータがとても美味しく、隣のテーブルでは、美男美女の両親とかわいい息子さんが誕生日を祝っている。心がほころび、幸せな気持ちになった夜。

9／26

晴れ

お弁当の仕込みをしながら、水曜の撮影の支度もする。豊洲の「熊梅」に頼んでおいた、大きなブリが届いた。久しぶりに大きな魚をさばきながら、姉が元気だったころは、姉がよくやっていたなあと思い返す。大変だったよね、きっと。当時は姉にうんざりしていたけれど、彼女のいろいろな心情を読み解き、なんとなく申しわけなく思う。

夕方、恭司さんとミカちゃん、前くんと合流して歌舞伎町へ。台湾料理の「青葉」でわいわい食べる。美味しい料理、ベテランの接客。にらまんじゅうを人数分、とお願いし、頼んだときは5人だったのが途中で6人になったのを、ちゃんと増やしてくれていた。

再びアトリエに戻って、みんなでお茶をした。眠いけれど終わってほしくない、そんな時間だった。撮影は前くん。

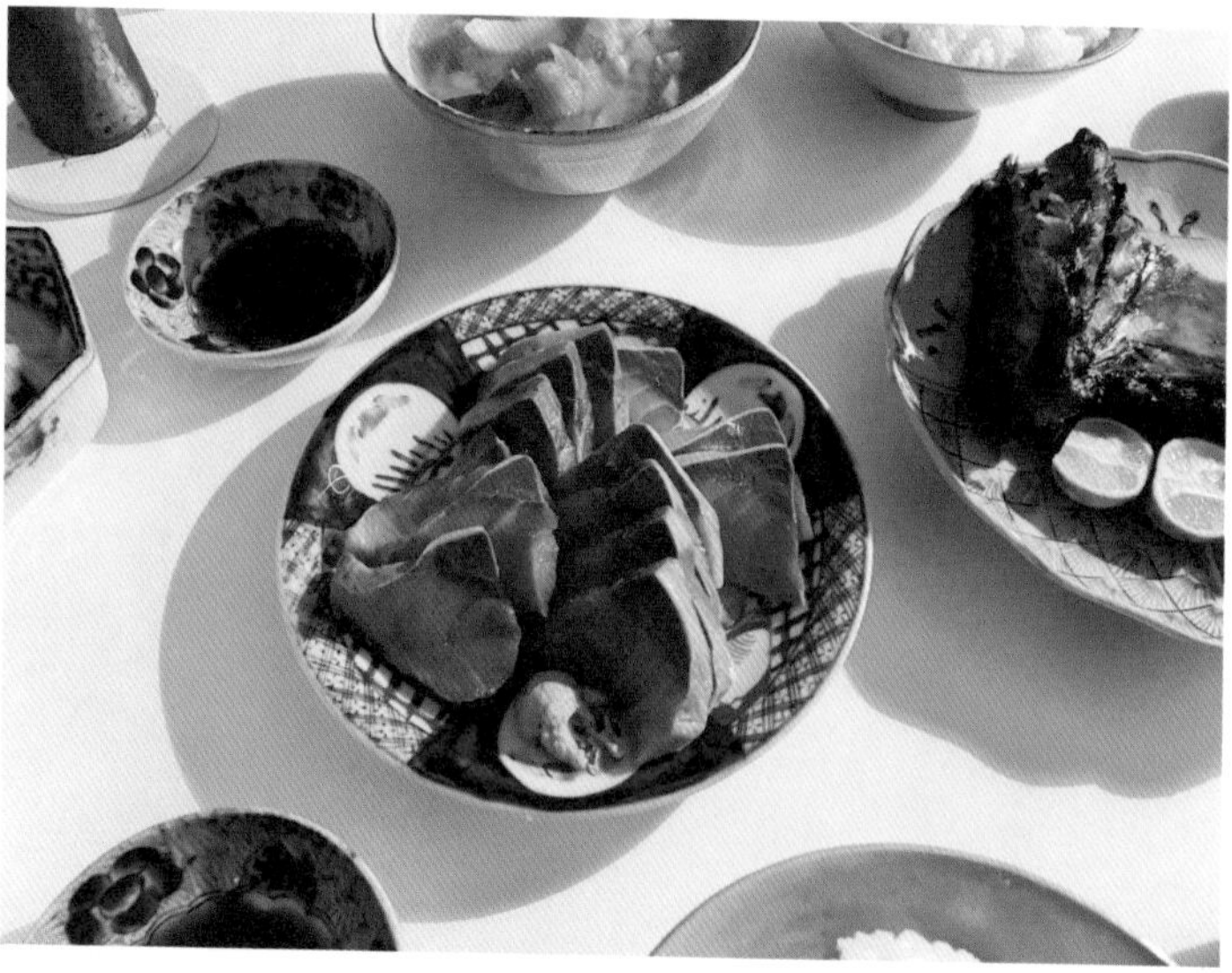

9／27

晴れのちくもり

しのちゃんと朝からお弁当をたくさん詰めて、
小雪さんのところへ届ける。
イクラを漬けたり、
あれこれ仕込みもすませた。
夜は、ブリのカマを焼いて、あとは刺身にも。
大きな魚を買うと、何日も魚料理が続く。

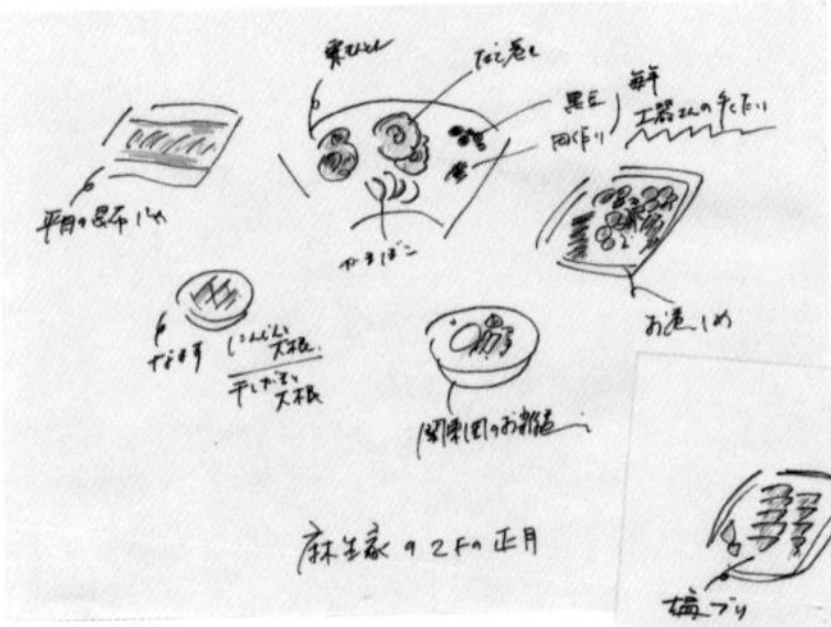

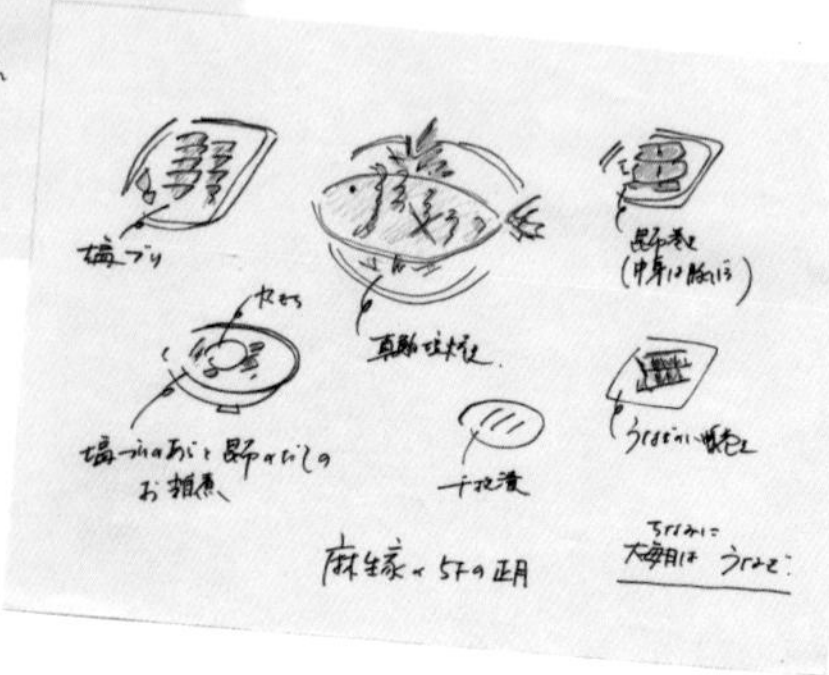

暑いなかおせちの撮影。

9/28

晴れのちくもり

今日はWASARAの撮影。期待に応えられるか不安だったけれど、家庭的な温かさ、素朴な感じ（ほめている）と喜んでもらえた。典美さんは黒豆と田作りを用意してくれていて、撮影場所も提供してくれて、感謝しかない。南青山のお母さん、もう少しそばで親孝行したいな。作っていった塩ブリを喜んでもらえてよかった。片づけもすんだ帰り際、ちょうど森くんが現れて、荷物を一緒に運んでくれた。ありがたや。

明日は原稿をがんばろう。

9/29

くもり

晩ごはんは、
ブリの残りを刺身にして、
カマを焼く。
イクラおろし、
豚とかぶのすまし汁、
撮影の残りの栗きんとん。

9／30

晴れ

朝から家で仕事。新しい連載のタイトル文字と、バナー用のイラストを描いた。気づけば夕方で、慌てて美雨ちゃんのライブへと出かける。新宿駅から、あずさではなくかいじに乗って、立川まで旅気分。

帰りは中央線で新宿まで。家人と待ち合わせ「ぶち旨屋」で広島焼きを食べた。チーズとか餅が入っているメニューが好きかも。

10／1

晴れ

環地中海料理の
「CICADA」で遅めのランチ。
もう夕方になっていたから、
晩ごはんを作るのが億劫になり、
出前の寿司ですませてしまった。

10/2

晴れ

原稿をやらなきゃと思いながら、
台所にばかりいる。
夜は森くんが来るから、
食べたいと言っていたブリの塩焼きにしよう。
唐揚げはヘルシーに鶏むね肉で。
きんぴら、こんにゃく。
チョビは森くんのことが好きらしい。
いつも自分から近づいていく感じがかわいい。

10／3

くもりのち晴れ

まあちゃんと久しぶりに会う。あまり時間がないので、代官山の「IVY PLACE」には前もって予約をしておいた。ランチの構成が上手だなあと、いつも思う。さんざんしゃべって時間がなくなり、まあちゃんを浜松町のモノレール乗り場まで送り届けた。乗り場は新しくなっていた。以前のビルの、不思議な食堂なんかはどうなったのだろう。

夜はわが家で、家人主催のレコードの会。北海道帰りのタカシくんが、海の幸をお土産に持ってきてくれた。ありがとう。しかし、この20箱のレコードは、このあといったいどうするのだろうか。

スパイスで風邪知らず。

10/4

晴れ

〝ほぼ日〟にお弁当を届け、
そのまま「三燈舎」でカレーを食べた。
神保町を散策しながら一時帰宅、
夕方、髪を切りに祐天寺のEDIEへ行く。
東へ西へ。
夕ごはんは、カキフライ、
栗のポタージュなど。

10／5

くもりのち雨

連載の撮影で「豊前房」へ行き、うどんを食べて若大将と話をする。彼に会うと、ずっと昔から関係が続いているような気になる。うしろ髪を引かれながら中座して、恭司さん×美雨ちゃんのトークイベントに駆けつける。終演後、渋谷の中華屋さんで晩ごはん。なまこも美味しそうにラーメンをすすっていた。

10／6

雨のちくもり

今日はピラティス、
体がぐうっと伸びて気持ちいい。
回数を重ねるごとに、
着実に効果が
蓄積されている気がする。
夜は、鮭のホイル焼き、
揚げたシュウマイなど。

10／7

雨

「北欧、暮らしの道具店」の連載撮影。
朝からチョビが、がんばるぞ、
という感じで張りきっていた。
カメラマンのわかなちゃんにも
すっかりなついて、
脚立の下から見上げたりしている。
夕方、買い出し。
スタミナをつけなきゃと、
牛のハラミ、豚のロースを焼いて
晩ごはんにする。

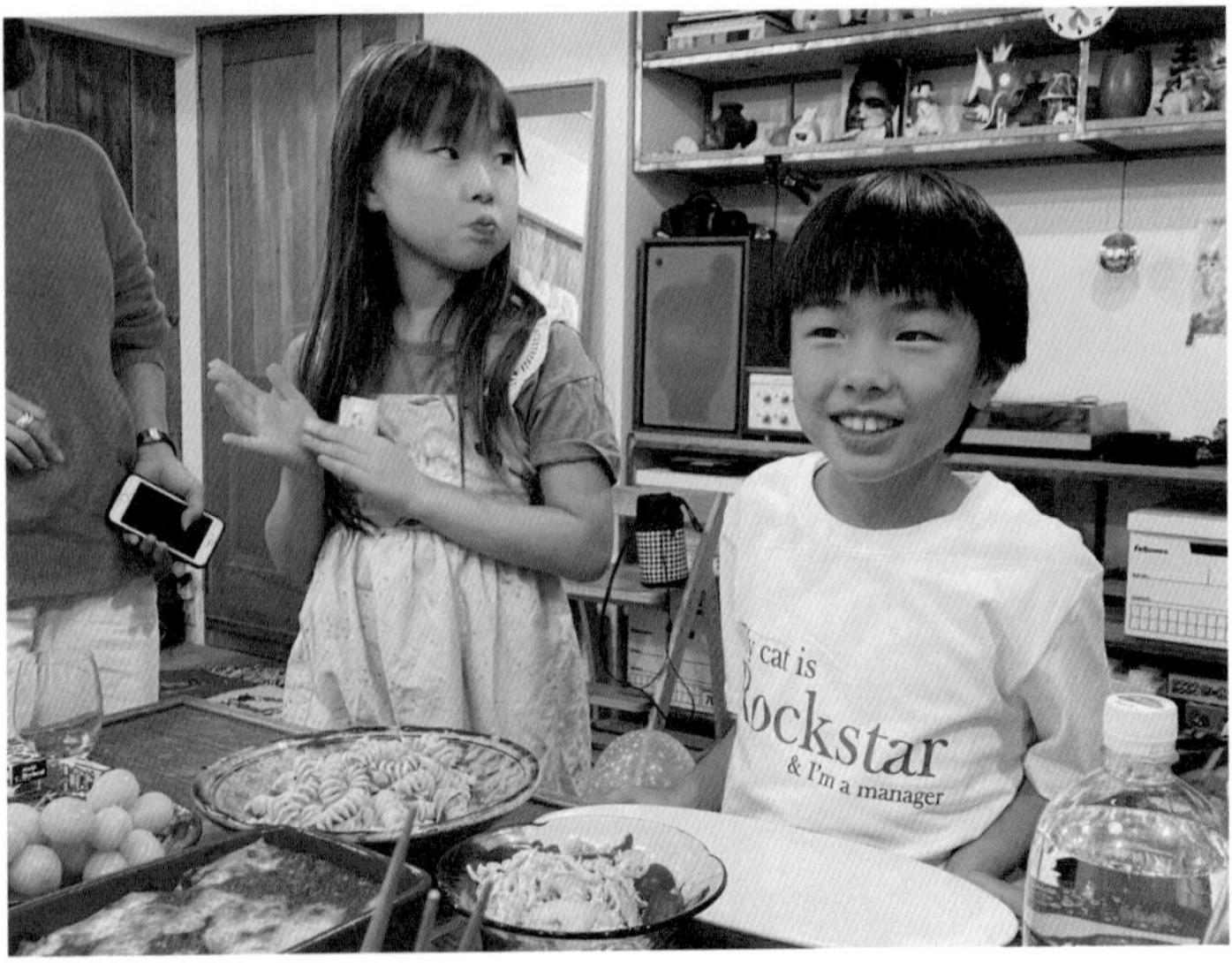

10/8

くもりのち晴れ

朝から、コンちゃんの誕生日会用にミートソースを作る。肉も野菜もたくさん入れる。玉ねぎ、セロリ、にんじん、しいたけ。にんじんはすりおろしも入れた。

碑文谷の「イオン」で買い出しをしてから、メグちゃん宅で料理の続き。コンちゃんの好きな、自家製ミートソースとホワイトソースのリガトーニグラタンを作る。ラザニアみたいなもの。喜んでもらえてよかった。

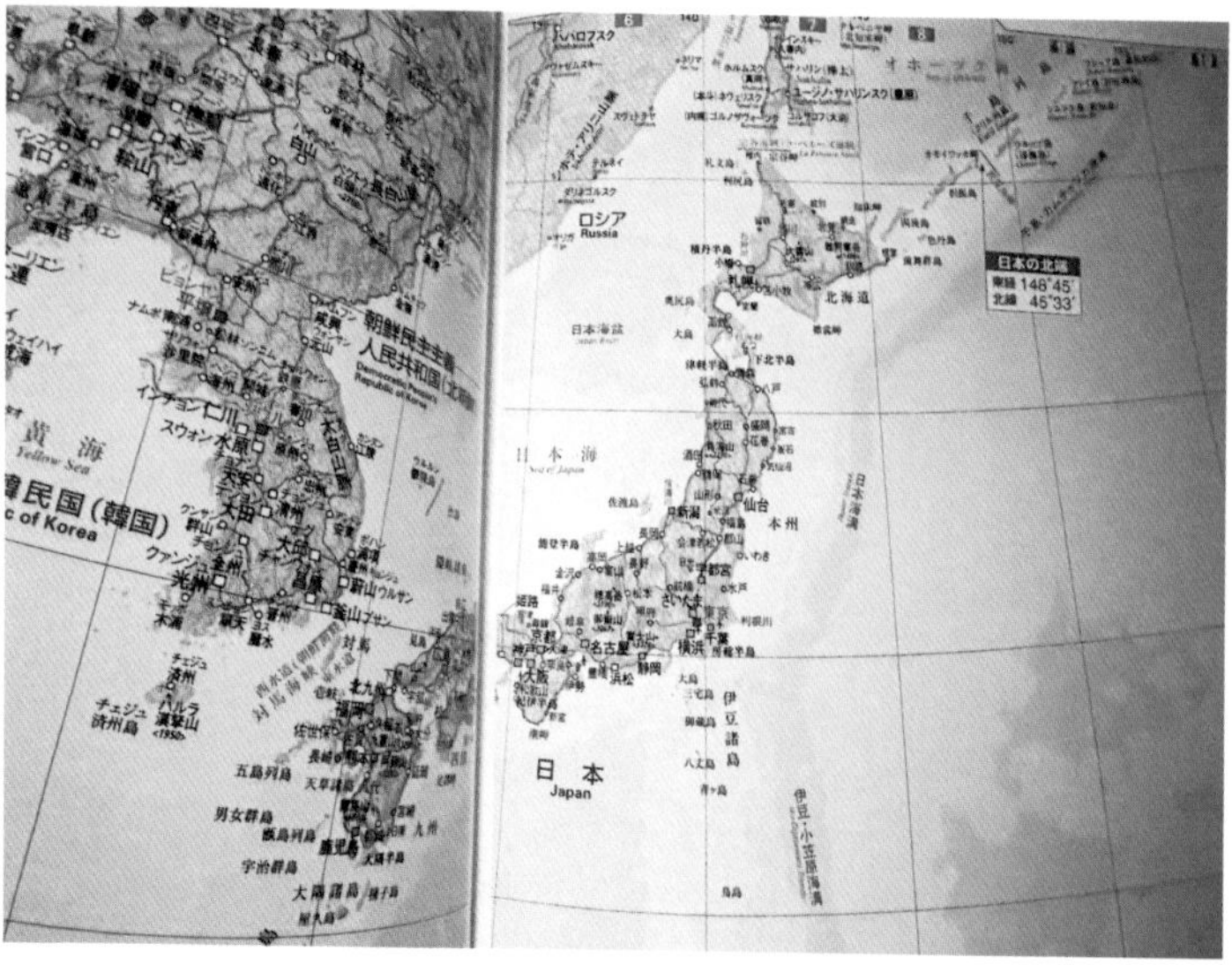

10／9

くもりのち雨

わが家で宴会の日。久しぶりに金目鯛を丸ごと煮て、唐揚げなどいろいろと作った。レコードからは昭和の歌謡曲が流れている。「地元と東京以外で移住するとしたら、どこ?」という話題になり、友人は四国がいいと即答したけれど、僕は日本地図を広げてみるも思いつかず……日本海側ではない海側、西か南の方向とだけ。僕には今のところ、東京以外の選択肢がないんだなあ。

10／10

雨のちくもり

西荻窪の「Onggi」という韓国料理屋さんで食事会。角田さん夫妻、沙知絵さん夫妻の計6人で、小さな食卓をぎゅうぎゅうに囲む感じがよかった。コース仕立てになっていて、ふだん食べる韓国料理とは違う、やさしい繊細な味わいだった。ナムルは種類もたくさん。少食な（だけどよく飲む）角田夫妻は途中でギブアップ気味だったけれど、僕と沙知絵さんは、追加でジャージャー麺を食べたりした。すべてが気持ちのいい夜。

ほかの2組は歩いて帰れる距離だけれど、僕らは旅に出たような気分。ついでにと、念願の「松庵文庫」にも足を運ぶことができた。庭のツツジがきれいなころに、また。

10／11

くもり

夜、アンセムさんのお宅へお邪魔する。
美味しかったにんじんのコンフィ、
今度、真似てみよう。
カレーもおかわりをいただいた。
家も料理も、家庭的な温かみがありながら
洗練されていて、さすが。

10／12

くもりのち雨

昼、Le pivotの展示会へとお弁当を届け、
久しぶりに岡本夫妻に会う。
お弁当は口実で、
単に夫妻との懇談の機会にしている。
夜は、恭司さんたちがごはんを食べにきた。
けんちん汁に栗ごはん、
鮭とささみの唐揚げ、
野菜メインでいろいろ。
家族感があってうれしい。

10／13

雨

体がまたいちだんと伸びた。ピラティスだと自然にひざ裏を伸ばすことができる。

夜は倫子さんたちと4人で、歌舞伎町の「青葉」でごはん。ハマっているレタス包み、寒かったからか、冬瓜のスープがひときわ美味しく感じられた。いつ訪れてもいい店だ。

10／14

くもりときどき雨

新しい連載の打ち合わせ。
お茶の冊子、巻頭エッセイなので
がんばらないと。
夜は、刺身と白和え、
自家製のだしを使ったけんちん汁。
白いごはんとだしの風味に、ほっとする。

わが家のだし

●材料（作りやすい分量） 昆布 20g／かつおぶし 20g／水 1000mℓ ●作り方 鍋に水と昆布を入れ、30分以上おく（1時間でもひと晩でもよい）。鍋を弱火にかけ、沸いてきたら味をみて、風味を感じたら昆布を取り出す。中火にして再び沸いたら火を止め、かつおぶしを入れて沈ませる。ザルにキッチンペーパーを敷き、鍋の中身をこす。保存容器に入れ、冷蔵して3日ほどで使いきる。

10／15

くもり一時雨

恭司さんの写真展、
最後のトークイベントに足を運ぶ。
今回のお相手は、建築家の寺本健一さん。
「zenta coffee」でコーヒーと
ティラミスをいただきながら、
原稿のチェックをして始まりを待つ。
すべてのトークイベントに顔を出し、
やり遂げた感。
買い出しをして帰ったものの、
疲れはてて、
晩ごはんは下手くそな出来になってしまった。
がっかり。

10／16

くもり

大門さんとアトリエのキッチンの打ち合わせ。業者さんも来て現場調査、プランはだいたいまとまり、あとは金額と納期かな。

夜は、中野の焼肉屋さん「とらじ」へ。タンとハラミ、キムチも美味。味も雰囲気も客層も、いろいろな意味で健康的な店という感じがした。もやしのキムチが１００円というのも良心的。店を教えてくれたのりおに連絡するも、返事がなかったので、また今度。

10／17

くもりのち雨

久しぶりにのんびりした休みで、家人と神田「尾張屋」へ行く。女将さん不在、よく見かけたおばあちゃん店員の姿もなく、チャキチャキした若い女性が切り盛りしていた。娘さんかな、と思い、あのおばあちゃんは娘さんに遠慮して……などと頭の中で勝手にドラマを組み立てていたら、ただのバイトです、と言われてしまった。神田にいいそば屋はたくさんあるけれど、ここの雰囲気がいちばん好き。小エビがコロコロのった、冷たいそばにした。

10／18

くもりのち雨

京都からゆかさんが来ていたから、HADEN BOOKS:でお茶をした。11月に芦屋で本屋さんを開くのだそう。開店祝いにいかなくちゃ。買いものをして帰り、すでに成形されているハンバーグを焼いた。にんじんのグラッセは久しぶりに作ったけれど、それでも上出来。

にんじんグラッセ

●材料（作りやすい分量）にんじん1本／バター20g／砂糖20g **●作り方** にんじんは皮をむいて食べやすく切る。鍋ににんじんを入れ、水をひたひたに注いで1〜2分ゆで、湯を捨てる。再び水をひたひたに注いで中火にかけ、沸いてきたらバターと砂糖を加える。にんじんがやわらかくなったら、煮汁がなくなるまで煮詰める。

10／19

雨のち晴れ

午後、早稲田大学の村上春樹ライブラリーへ。
構内のカフェで少しだけお茶をして、
帰り、家人と外で晩ごはんをすませる。
先客がありえないほど騒々しく、
うんざりしてしまった。
帰宅すると、チョビが甘い声で鳴いていた。
待たせてごめん、家で食べたらよかったね。

10／20

晴れ

夜、森くんと一緒に「焼肉 穏」へ行く。
人生にはスタミナが必要だ。
テールスープ、頼むのを忘れちゃった。

10／21

晴れ

午前中、溜池山王の「ツッカベッカライカヤヌマ」に並んでクッキーとケーキを買い、さらに買い出しをして帰り、家で原稿を書く。夜は、きのこ鍋。

きのこ鍋

●材料（4人分）具材（しいたけ6個、しめじ1パック、えのき1パック、エリンギ3本、ねぎ1本、鶏つみれ300g、春雨適量）／鶏ガラスープ800㎖／酒 大さじ1／ゆずこしょう適宜 **●作り方** きのこは石づきを取って食べやすく切り、ねぎは斜め切りにする。春雨は水で戻す。鍋に鶏ガラスープと酒を注ぎ、すべての具材を入れて煮る。好みでゆずこしょうをつけていただく。

今何回目の青葉かな？

10／22

くもりのち晴れ

長年の友であるけいちゃんが「会わせたい人がいる」とのこと、どんな人かとドキドキしながら待つ。素敵な人でひと安心。またまた「青葉」へと一緒に出かけた。たくさん食べる人は、いい人に決まっている。

その後、買い出しをしたついでに、東京ミッドタウンの「ル・パン・コティディアン」でクロワッサンを購入。チョビは喜んでくれるかな。以前にも増して美味しい気がする。

夜は「ナニワヤ」の肉を焼き、美味しかったのだけど、ああ……また「CHACO あめみや」に行きたいと思ってしまった。

10/23

晴れ

チョビは「ル・パン・コティディアン」のクロワッサンも好きらしい。

今日はずっと台所かパソコンの前にいた。明日は大量25個、お弁当に対するモチベーションがなかなか上がらない。

夜は森くんが来る。準備がいらない鍋料理にしようかと、高島屋まで買いものに出る。牛肉という感じでもないから「今半」の豚肉を購入した。森くんの好物のこんにゃくを煮て、まつたけごはんを炊こう。

10／24

雨のちくもり

「HORAIYA」のふたりの結婚式用に
お弁当を作る。
新郎の実家である大分「宝来屋」のどんこ、
切り干し大根、ひじきを使ったお弁当。
米も大分県産にした。
めかし込んだふたりは、
まるで七五三のようでかわいかった。
夜は、駒形の「前川」でうなぎ。
隅田川沿いの景色、
スカイツリーがきれいに見えた。

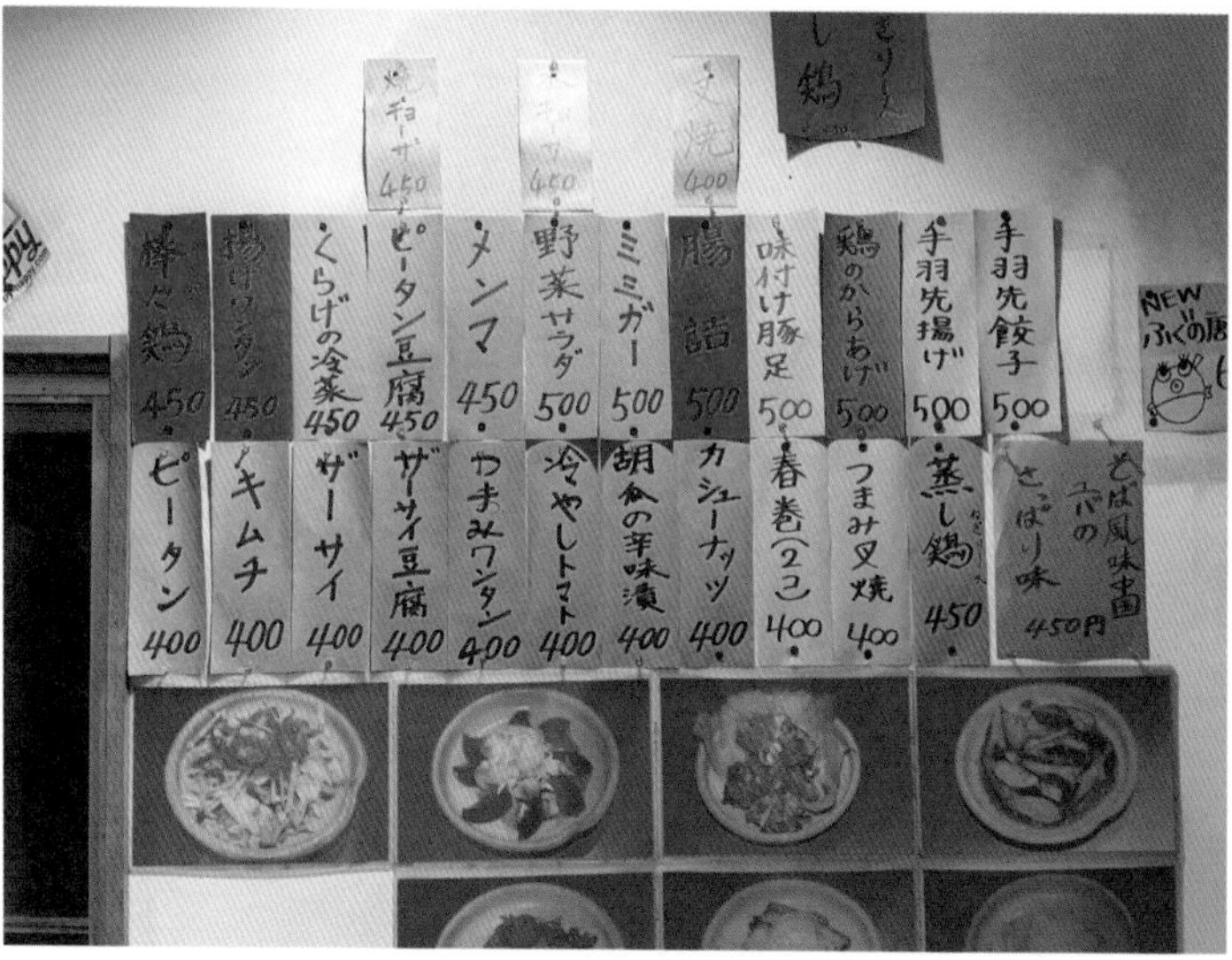

10／25

くもりのち雨

昼間は原稿を書き、夜は『dancyu』のライブイベント出演へ、いざ！　会場に入ると、思ったよりもしっかりした機材にたくさんのスタッフ……プレッシャーを感じる。そのわりには自分の準備がゆるく、始まった瞬間からバタバタしてしまった。だしを引きましょう、とか言いながら、鍋すら出していないありさま、笑っていただけたらありがたい。

家人と合流して、山田くんに教えてもらった神楽坂「伊太八」にて打ち上げ。1階はぎゅうぎゅうとしたカウンター、裏口から上がっていく2階は家のようだった。小皿料理の種類が多く、値段も手ごろなうえに美味しい。ラーメンとチャーハンまで食べて大満足した。途中、ドリフでカトちゃんが演じていたような酔っ払いのおじさんが目に入り、この店の印象をさらに深めた。

10／26

晴れ一時雨

しのちゃんの実家から送られてきた、もつ鍋を美味しくいただいた。にんにくをこれでもかとたっぷり入れて。青森出身の家人は、地元産の大粒にんにくを見ると、買わずにはいられないのだ。

にんにくたっぷりのもつ鍋

●**材料**（2人分）もつ鍋セット（市販）適量／にら1束／キャベツ¼個／ねぎ1本／豆腐1丁／にんにく4かけ ●**作り方** にら、キャベツ、ねぎ、豆腐はそれぞれ食べやすく切る。にんにくは2かけをスライスし、残り2かけをすりおろす。鍋にもつ鍋セットとすべての具材を入れ、表示に基づいて火を通す。

10／27

晴れのちくもり

渡辺有子さんに頼まれたお弁当を届けて、
そのあとは健太代表と「eatrip」で
ミーティングをしながらランチ。
「eatrip soil」のマーケットでは、
友里ちゃんが出品していた塗り皿を買った
(値段はついておらず、
みんなが持っていけと言うので、
そのまま持ち帰った)。
夜は美雨ちゃん母娘が来て、一緒にごはん。
今日はむね肉の唐揚げにした。
なまこに「唐揚げサイコー！」と、
おほめいただく。
なまこがどんどん大きくなっていく。

10／28

くもりのち晴れ

『& Premium』の打ち合わせ。
まだ先と思うなかれ、撮影はわりとすぐ。
家を片づけないと。
東京駅へmomiji×sonorのコラボのポーチを
買いに寄ってから、人形町の「双葉」、
六本木の「福島屋」で買い出しをして帰宅。
チョビがすねていた。
仕込みを終わらせ、晩ごはんは
「PST」の冷凍ピザを活用させてもらった。

10／29

晴れ

朝からお弁当を大量に作って届け、もうしばらくは受けたくない気持ちになる。疲れた。六本木ヒルズに寄り道して、イベントに出店中の「ほぐれおにぎりスタンド」の英治さんに、はじめましてのごあいさつをした。塩むすび、とても美味しかった。

せっかくだから、ユナイテッドアローズにも寄り道してシャツを買う。洋服が似合う人からの接客というのは、説得力もあるしいいものだ。フランスの、白シャツしか作らないブランドだとか。シミをつけそう。

家に帰って原稿に取りかかるも、チョビとソファで寝てしまう。晩ごはんを作る気力がなくなり、外食を提案。目白の「秋田料理　五城目」に決まる。刺身、きりたんぽ鍋、とろろをのりで巻いて揚げた料理が、懐かしくほっとする味わいだった。

10／30

晴れ

晩ごはんは、
寝かせていたカンパチの刺身。
おかゆが食べたいという
家人のリクエストにより、
余りごはんを水でぐつぐつ煮た。
ほかに、さつまいもも煮たけれど、
やはり男子ウケは悪い。

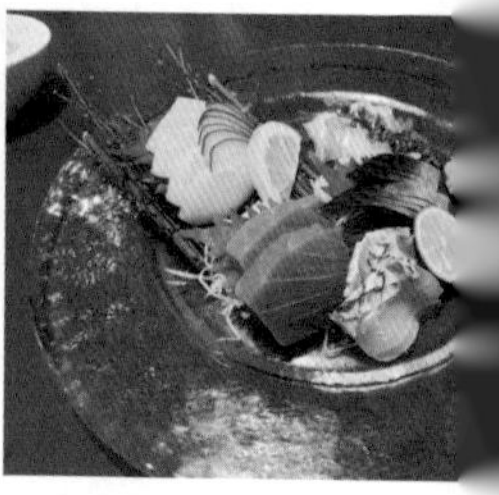

10／31

晴れ

午後、天気がよかったので、久しぶりに水戸まで出かける。茨城町にある農産物販売所「どきどき」に寄るも、以前ほど活気がないのは、閉店間際の時間だからなのか。

お昼を食べておらず、家人がおなかがすいたと言うものだから、水戸にある居酒屋「田吾作月」へと足を運ぶ。居酒屋だけれど駐車場があるのは、茨城の常識なのか、地方はこんなものなのか。久慈川のアユや、牛肉のたたき、刺身を食べて満足。スーパーで買い出しをしてから、帰路につく。

故郷にはそこかしこに思い出があり、たまにだから郷愁を覚えるけれど、日々暮らしたいとは思わないなあ……本当にいろいろなことがあった。玄関を開けると、チョビがニャンと鳴いた。遅くなってごめんね！

11／1

くもりのち雨

夜、玄米を炊いた。
おかずは天ぷら。
冷蔵庫にエビがあったので、
いろいろな野菜と一緒に揚げた。

11／2

晴れ

大きなハマグリを、
豆腐と一緒に鍋ものにした。
しらすは、
にんじんの葉と一緒にかき揚げに。
鍋にいいだしが出たので、
中華麺を入れてシメる。
とりとめのない、わが家の食卓。

11／3

晴れ

朝からピラティス、
そのあとヨガもハシゴした文化の日。
夜はスタミナをつけようと、肉を焼いた。

11/4

晴れのち雨

浅草の鷲神社まで、酉の市に出かけた。そのまま浅草で買い出しをするも、料理をする気力がわいてこず、焼き鳥をテイクアウトすることにした。しかしそのあと、丸ガニが売っているのを見つけて懐かしくなり、みそ汁を作ろうと考える。子供のころ、よくこうやって食べたんだよなあ。

11／5

くもりのち晴れ

帰宅して急いで晩ごはん。
朝のうちに作っておいた
冷蔵庫整理を兼ねたシチュー、
トマトと卵の炒めもの、焼き鮭に、雑穀米。
冷蔵庫の中の、早く食べねばと
気がかりなものが消化されると、
気持ちもすっきりする。
何事もため込むのはよくない、という教え。

11／6

晴れ

イベントの打ち上げで、
ふだんは行かないような、
天井の高いクラブ調のメキシコ料理店に入る。
やたらとバリバリしたものばかりを
食べた気がする。
いつも出かける「エルカラコル」の、
美味しいメキシコ料理が恋しくなった。
あの店では、バリバリしたものは
ほとんど出てこない。

11/7

くもりのち晴れ

朝からバタバタした休日。
閉館時間ギリギリの国立新美術館へと
すべり込み、そのまま六本木を散策。
「香妃園」で中華を食べた。
酢豚、鶏煮込みそば、春巻き……
変わらぬ定番の味、安定感。
そういえばこの店、姉妹も昔、
よく来たと言っていたなあ。
店の奥からふっと現れそうな、
そんな気配がなんとなくあった。

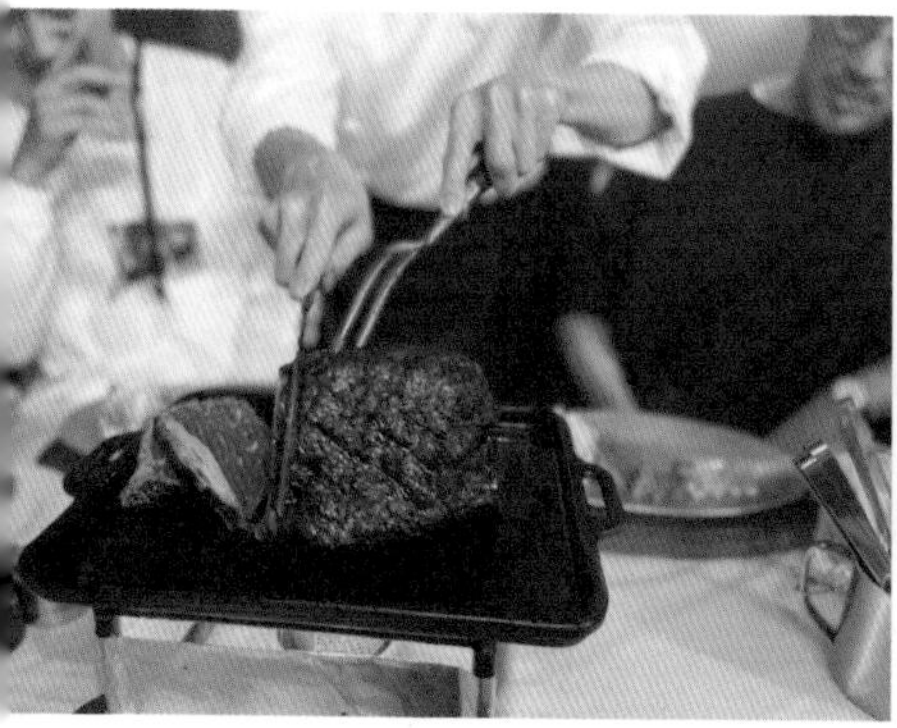

11／8

晴れ

前くん、北田さん、吉田青年、家人と
「CHACOあめみや」で肉のかたまりを食べる。
毎度のことながら、
大きなかたまりが運ばれてきたときは
「食べられるかなあ」と思うのに、
ひとたび食べ始めると
「もうなくなっちゃうのかあ」
という気持ちになる。
さて、次は何人で食べにこようか。

11/9

晴れ

玉ねぎと芝エビでかき揚げを作る。
そこに、そばとマグロの山かけ。
店だったら、同じ種類の天ぷらだけを
こんなにたくさん食べないよね、
というところが、家ならではのよさ。

11／10

晴れ

今日はずっと家の片づけをしていた。夕方、冷蔵庫をガサガサしたら鶏肉とかぶがあったので、久しぶりに治部煮を作る。寒い時期、とろみのあるものが恋しい。

治部煮

●**材料**（2人分）鶏もも肉 1枚（300g）／かぶ 3株／にんじん 1本／だし 250㎖／調味料（しょうゆ 大さじ1、みりん 大さじ2、酒大さじ1）／塩 適量／片栗粉 少々／わさび 適宜

●**作り方** 鶏肉はひと口大に切り、軽く塩を振る。かぶは皮をむいて4等分にし、葉を食べやすく切る。にんじんは皮をむいて5㎜幅に切り、下ゆでしておく。鍋にだしと調味料を入れて中弱火にかけ、煮立ったらかぶを入れる。やわらかくなってきたら鶏肉に片栗粉をまぶして入れ、火が通り始めたら、にんじん、かぶの葉を加えて火を通す。器に盛り、わさびを添える。

山の上ホテルに住みたい。

11／11

晴れ

山の上ホテルで撮影。
館内を案内してもらい、
泊まりたいというよりも、
住みたいような気持ちにかられた。
館内のあちこちに飾られている、
池波正太郎先生の描いた絵が素敵だった。
そしておなかはいっぱい、
神田駿河台から丸の内まで歩く。
晩ごはんを作る気力がとうとうわかず、
四ツ谷の「ラメーラ」へと向かっていた。
イカスミのパスタが、やっぱり絶品。

11／12

晴れ

メグちゃんと東京ミッドタウンの
「虎屋菓寮」に入り、白玉あずきを食べた。
メグちゃんは疲れがたまっていたようで、
おしるこに加えてあんみつも。
母と最後に出かけた店は、
この虎屋菓寮だった。
とても親切にしてくれた、思い出の場所。

11/13

くもりのち雨

冷蔵庫の整理をしながら作った、かぼちゃのポタージュ、肉じゃが、冷ややっこ、サバのみりん干し……家の食卓はそれでいいのだ。

かぼちゃのポタージュ

●**材料**（2人分）　かぼちゃ 300g（ワタつき）／玉ねぎ¼個／牛乳 400㎖／生クリーム 100㎖／バター大さじ2／塩・こしょう 各適量

●**作り方**　かぼちゃは皮を落として種とワタを取り除き、適当な大きさに切って、蒸し器か電子レンジにかけてやわらかくする。玉ねぎはみじん切りにする。鍋にバターを熱して玉ねぎを中火で炒め、牛乳、かぼちゃを加えてよく混ぜる。粗熱がとれたらミキサーに入れて攪拌し、鍋に戻す。生クリームを加えて弱火にかけ、ひと煮立ちしたら塩・こしょうで味を調える。

11／14

晴れのち雨

母の誕生日。家人と浅草へ出かけて、いつもの「金楽」で焼き肉。月曜だけ15時開店なので、少し前の到着を目指して一番乗りで入店すると、5分もたたないうちに席はすべて埋まった。最初のオーダーをとり終えたあたりで、店のスタッフもボリューム満点のまかないを食べ始める、その光景が僕は好き。帰りに向かいの八百屋さんで野菜を選ぶ。店名に覚えはないけれど、いつも品物がよい。

11／15

雨のち晴れ

昨日は思うような花が買えなかったので、
学芸大学まで足を運び、
加藤くんの店
THE DAFFODILSで母への花を選ぶ。
その足で、
彼女が好きだったジェラートを食べに
二子玉川の高島屋へと向かった。
シルバーの器、濃厚なバニラのジェラート、
ハート型のウェハース、店の雰囲気、
あのころからずっと変わっていない、
その佇まいにいつもほっとする。
どうか変わらず、このままで。

11／16

晴れ

気づけば
唐揚げばかりを揚げている。

今日は美雨ちゃん母娘がアトリエに来て、一緒に晩ごはん。なまこが好きな唐揚げをたくさん揚げた。いつも代わり映えのしない、わが家の食卓。料理の組み合わせも変だけれど、美味しいとか美味しくないとかより、食卓を囲むおだやかな時間を大切に、それが誰かの役に立てばと思っている。

11／17

くもり

ピラティスで
体をととのえる木曜日。
昨日のすじ煮込みを
カレーにした晩ごはんは、
副菜に刺身サラダ、
ししゃも、あとは野菜。
相変わらずよくわからない
組み合わせだけれど、
滋養のある感じでよしとする。

11／18

晴れのちくもり

家人が遅くなるというので、
しのちゃんと「豊前房」へ
うどんを食べに出かけた。
若大将のだし巻き卵は、
ふっくらとした焼き上がり、
いつも美味しい。
そして今日もしょうがうどんを頼めば、
体はぽかぽか。
デザートに杏仁豆腐。

11／19

晴れのちくもり

かつおぶしの「金七商店」と
「ほぐれおにぎりスタンド」。
コラボイベントがあるというので
下北沢まで出かけてみると、
そこにはなんと長蛇の列。
一瞬ひるんだけれど、
ひとり根気よく並んで30分、
ふわふわ食感のおにぎりに
削りたてのかつおぶしを
たっぷりかけてもらって満たされた。
やっぱり削りたては風味が違う。
いつか枕崎へ工場見学にも行ってみたい。

11/20

くもりのち雨

どこにも出かけなかったので、冷蔵庫をガサガサして晩ごはんの支度。余りごはんをおかゆにして、余り食材でおでん（大根、卵、がんも、タコ、しらたき、だし昆布など）。気合いを入れて作るより、冷蔵庫にあるものを組み合わせたおでんが、最近は好み。なんだか汁っぽい食卓になってしまったけれど。

11／21

雨のちくもり

ゆかさんが芦屋に本屋さんを開いたので、久しぶりに神戸まで出かける。姉妹たちの話によく出てきたパン屋の「フロインドリーブ」、ハム屋の「トアロード・デリカテッセン」をまわり、お昼に飲茶を食べてから、芦屋へと向かった。桜並木がきれいな通りの2階に、彼女の本棚をのぞくような素敵な店があった。晩ごはんは明石焼きで簡単にすませ、チョビの待つ家路へ。帰るとチョビは安心したのか、ブーブーとのどを鳴らした。

11/22

晴れのちくもり

神戸から持ち帰ったパンを広げ、
コーヒーを淹れたりする朝。
旅先で出会った食べものを、
日常に折り返すのが僕は好きだ。
クロワッサンと、
クロワッサンみたいな丸いパン。
今日は打ち合わせ場所が自宅だったし、
どこへも出かけずにいたので、
冷蔵庫の余りものを使って晩ごはんにする。
唐揚げ、おひたし、しらすおろしなど。

11／23

雨

今日も冷えたので、夜は温かい具だくさんのそばを中心に、献立を考える。

具だくさんのそば

●材料（2人分）鶏もも肉 1枚（300g）／大根¼本／ごぼう 1本／ねぎ 1本／だし 800㎖／めんつゆ 適量／三つ葉 適量／そば 2人分

●作り方 大根は短冊切りに、ごぼうはささがきに、ねぎは斜め切りにする。鶏肉は食べやすく切る。そばはゆでる。鍋にだしを入れて中弱火にかけ、鶏肉、大根、ごぼう、ねぎを入れてよく煮込む。野菜がやわらかくなったらめんつゆで味を調え、そばを入れる。器に盛り、刻んだ三つ葉を散らす。

11/24

晴れのちくもり

ピラティスへと出かけた帰り、お向かいの都ホテルのラウンジ「バンブー」でちょっとした仕事を片づける。

今日は赤飯を炊いて、目玉焼き、厚揚げ、サーモン、余っていた最後のしらすは卵とじに。

体はととのっても、献立を考える頭はととのわず、混迷の晩ごはん。

疲れたときにはプリンを食べる。

11/25

晴れ

クリスマス用のスワッグとリースの販売会があるというので、根津美術館近くの〝緑の居場所デザイン〟へ。たくさんの作品が並んだ会場はいい香りがして、森林浴をしているようだった。そのまま「a Piece of Cake」に寄り、タルトタタンを食べてひと休み。

夜は、典美さんと近所の寿司居酒屋で食べる。東京の真ん中にあるというのに、どこか地方を旅しているような気分になる店。

11／26

くもり一時雨

久しぶりに所くんと、お昼を食べながらの近況報告会。母を看取り、都心に戻ったばかりのころ、ケータリングやお弁当の仕事をくれたのが彼だった。まだ知り合いも多くはなかったし、僕を見つけてくれてありがたかったなあと、あらためて思う。

夜は、漢方杉本薬局の格朗くん、Vacantの永井くんと渋谷の「Umebachee」へ。薬膳鴨鍋とそばを頼む。そばはキリッと美味しく、店は居心地よく、楽しい夜だった。

11／27

晴れ

しのちゃんたちと待ち合わせて「ほぐれおにぎりスタンド」のイベントへ向かう。チョイスした具材の「トロたく」が絶品だった。

帰り道、コーヒー（みんなはビール）を飲んで別れ、夜は簡単なすき焼きですませた。

簡単なすき焼き

●**材料**（2人分）牛肉（切り落とし）350g／春菊 1パック／ねぎ 2本／豆腐 1丁／しらたき 1パック／だし 300㎖／調味料（しょうゆ 大さじ2、みりん 大さじ1、砂糖 大さじ2、酒 大さじ1）／卵 適量 ●**作り方** 具材はすべて食べやすく切る。鍋にだしと調味料を入れて中弱火にかけ、煮立ったら春菊以外の具材を入れる。肉に火が通ってきたら春菊を加え、ひと煮立ちさせる。溶いた卵につけながらいただく。

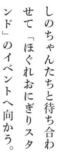

11／28

くもり

家人と「喫茶 壁と卵」でお昼を食べる。
ふたりでカレー3人前をたいらげ、
コーヒーを飲み、
おやつをつまんで幸せな時間。
帰りながら日本橋三越へ買いものに寄ると、
立派な鮭のあらセットを見つけた。
ドリップもまったくなく、
きれいな仕事だなあと感動。

11／29

くもりのち雨

家で仕事をしながら、
チョビとダラダラ過ごす。
仕事はあまりはかどらず、
唯一の進捗といえば、
山の上ホテルに
クリスマスケーキを注文したこと。
夜は、昨日の鮭のあらを焼いたり、
かす汁にしたりして食べる。
仕事ぶりのとおり、
味わいも素晴らしかった。

ウメバチのそばが好き。

11／30

くもり一時雨

イベントがあったので、珍しく半日ほどをHADEN BOOKS:で過ごした。しのちゃんにも手伝ってもらって店を閉めたあと、3人で「Umebachee」に寄ってそばを食べた。夜の渋谷駅南口周辺は、すでに近未来都市のよう。

12／1

くもり一時雨

ピラティスに出かけて都ホテルのラウンジでお茶、というのが、すっかり毎週のルーティンになっている。健康マイレージを順調にためられている感じがする。
夜は、お土産にもらった新潟のカキをフライにして、神戸で買ってきたハムを焼いた。そうだ、かますの干物もお土産だった。誰かの旅の思い出が食卓に並ぶ。やっぱりお土産っていいものだ。

12／2

くもりのち晴れ

DEE'S HALLで、美雨ちゃんの年末コンサートの打ち合わせ。コンサート当日、僕はおにぎりセット（唐揚げ、卵焼き）を作る。何年か前の年末コンサートでは、年越しそば90人前を作ったことを思い出した。
帰りに日本橋高島屋、人形町でも買い出しをして、蛎殻町「都寿司」にお願いしておいたバラちらしを取って帰る。5代目の山縣さんには、いつも照れてしまう。凛とした職人の姿に僕は弱いのだ。バラちらしは、おぼろも酢飯もキリッとしていて、男前な味。

12／3

くもりのち晴れ

昨日いただいた「ペリカン」の食パンを焼いた。自分で選ぶとつい、ロールパンになってしまうし、食パンなら小さいほうにしてしまう。普通サイズの食パンは久しぶりでうれしい。そして、特段ずっしりとしていた。

買い出しのため新宿の高島屋まで歩いていくと、ずっと工事中だった明治通りの環状トンネルが開通して、様子が変わっていた。夜、森くんと沙知絵さんがごはんを食べにくる。鴨鍋と唐揚げ、鶏ばっかりじゃないか……。

みんなが帰ったあと『プーと大人になった僕』を見た。やさしくて、大切なことが詰まっている映画。途中からチョビも僕のひざに乗り、一緒に観賞してくれた。

12／4

晴れのちくもり

原稿をまとめながら、山の上ホテルへと出かける。「コーヒーパーラーヒルトップ」で「苺とバニラのノルベジェンヌ」を頼むと、凝ったデザートはしばらくぶりだったこともあり、ものすごく美味しく感じられた。いちごシャーベットとバニラアイスがメレンゲで包まれ、そこに、いちごのスープと果実。酸味と甘みのバランスが絶妙で、黙々と一気に食べ進めてしまった。

夜は、肉と菊いもを焼いた。菊いもは焼きたては美味しいのだけど、冷めると不思議な香りが立って、僕はあまり好みではない。しかしその香りも、ひょっとすると体にいいとされる成分の何かかも？　と想像しながら食べるようにしている。

12／5

くもりのち雨

午前中、EDIEへ髪を切りに出かける。洋服選びや料理なんかもそうだけれど、なんでも自分の好きな輝きをもっている人にお願いするのがいいと思う。

夜、渋谷慶一郎さんのコンサートのため、はじめての浜離宮朝日ホールへ。全曲、プロのピアニストが渾身の力を込めて弾くような曲で、ものすごいエネルギーを感じた。聞く側にも緊張感が続く。

あまりに世界観が色濃かったので、帰りは一転、ピカピカに明るい「ロイヤルホスト」に吸い寄せられる。ハンバーグを食べて、かぼちゃのポタージュを飲み、ドリンクバーをおかわりして、ファミレスを満喫。ようやく現実世界に戻ることができた。

12／6

雨のちくもり

森くんの新しい店をのぞきがてら、
お弁当を届ける。
美しい場所だなあ、おめでとう。
と思いながら隣のパン屋さんに寄ったら、
いろいろとおまけをくれた。
HADEN BOOKS: へ戻り、
先日の展示会で購入していた、
フウ（犬）の写真を受け取った。
フウとチョビは、なんとなく似ている。
きっとチョビは、
写真を通じて友達になるだろう。
夜は美雨ちゃんが来て、一緒に鴨鍋。
1年を振り返りながら、
最後はそばでシメた。

幸せなサンデー。

12／7

晴れ

帝国ホテルの「パークサイドダイナー」で、チョコレートサンデーを食べる。バニラアイスに、チョコレートソースと生クリームがかかっていて、そのシンプルさがいい。「サンデー」という名前の響きも、僕は好きなのだ。晩ごはんは、おでんとドリア。毎度ながらの組み合わせ問題はさておき、美味しくできたからよしとする。

12／8

晴れのちくもり

明日の撮影とイベント用に、
買い出しをして準備。
すっかり疲れはてて
台湾料理を外食したのだけど、
今日の僕にはしょっぱく感じられて後悔……。
簡単なものでも、自分で作ればよかったなあ。
間に合わせだけの外食は、もうやめよう。

12／9

晴れ

「北欧、暮らしの道具店」連載の撮影。
今回、チョビは気がのらなかったようで、
カメラマンのわかなちゃんに
あいさつだけして、
あとはずっと寝ていた。
夕方からDEE'S HALLへと出向き、
青柳拓次さんと伊藤ゴローさんの
ライブのドリンク係を担当した。
寒かったから、ホットワインがよく出た。
フードとお菓子は
「puer」に依頼してあったので、
みんなの打ち上げ用に
ボルシチだけ作って持参した。
朝からよくがんばった、
と自分に言いながら、夜中に帰宅。

12／10

晴れ

DEE'S HALLで、今日はnaomi＆goroのライブのドリンク係。お酒よりも、酵素シロップのお湯割りがよく出る日だった。ライブのドリンクは予測が難しい。

打ち上げ用にかす汁を作っていったので、終わってからみんなで食卓を囲んだ。2日連続、しかもドリンク係は久しぶりとあって、さすがに疲れたし体が冷えた。両日フルで手伝ってくれたしのちゃんも、お疲れ様でした。

12／11

くもりのち雨

夏からやろう、やろうと言いながら、
忘年会になってしまった今日の会。
鴨鍋を作り、いろいろなおばんざい、
そして唐揚げも。
今月、わが家の鴨の消費量は
これまでになくすごい。
鴨肉は高島屋で買う「鳥芳」、
生麩は京都の「麩嘉」が断然美味しいと思う。
みんなで昭和歌謡を聞きながら、
にぎやかな夜を過ごした。
鎌倉と八王子、
それぞれ遠方から大変だったよね。
また新年に！

12/12

晴れ

「六角亭」のあかねママのお声がけで、
料理家・上野万梨子さんとの食事会。
あかねママお手製の前菜盛り合わせから
串揚げ、デザートまで、
どれも美味しくいただいた。
上野さんはとてもパワフルで、
とても素敵な人だった。
僕の本を読んで
料理を作ってくださっているというのが、
うれしくもおはずかしい……。
帰りに、代官山の蔦屋書店に寄ったりして、
おだやかな休日。

12／13

雨のち晴れ

午前中から「都寿司」へと取材に出かけた。
取材中にもしっかり食べたはずが、
そのあとみんなで寿司を2人分、
ぜいたくにもたいらげてしまった。
腹ごなしと思い、
ロイヤルパークホテルのあたりまで散歩する。
夜は和田さんと。
忘年会兼誕生日会で外苑前「パロル」へ行き、
久しぶりによそで食べた唐揚げは、
ころもにごまがまぶしてあって新鮮だった。

12／14

晴れ

アトリエに導入するコンロを検討しようと、
大門さんとショールームをのぞいた。
使うか、使わないかは別にして、
モニター付きの最新機能はちょっと楽しい。
夜は、美雨ちゃんからもらった
お土産のわさびをおろして、
ブリの刺身、肉じゃが。
おろしたてのわさびは、
ツンとせずマイルドなのがいい。

12／15

晴れ

夜のピラティスへ出かける。この時間帯に来るのは、はじめて。大きな窓から見える、キラキラとしたクリスマス仕様の都ホテルがきれいだった。都ホテルの「バンブー」でコーヒーを1杯飲み、ひと呼吸。この流れが非常によい。このままホテル内の「四川」に入って、辛い麻婆豆腐を食べたい。けれど実際は、家に帰って肉うどん。イワシのマリネ、手羽先と大根の煮ものといった、現実的な晩ごはんを仕上げる。

12／16

晴れ

今日はとんかつ。わが家のとんかつは、食べ残したパンをパン粉にしてから作る。今回は少し甘めのパンを使用。これが正解で、とても美味しく揚がった。こうして美味しく揚がることもあれば、そうでないこともある。パンとしてはイマイチでも、パン粉としては優秀、みたいな現象もおもしろい。

レモンを搾って、大根おろしと一緒に食べる。「鈴波」のにんにく味噌もよかった。

とんかつの
主役はパン粉。

12／17

くもりのち雨

パークハイアットにパーティ用のまかない弁当を届けたあと、1階のデリカテッセンでお茶をして、パンナコッタをごほうびに食べた。久しぶりに来たけれど、あらためて気持ちのいい場所だった。新島に行き来していたころ、母と調布の飛行場へ向かう道すがら、ランチやお茶をした懐かしい場所。

12／18

くもりのち晴れ

「CHACOあめみや」で忘年会。5人で2キロのかたまり肉をたいらげた。ひとり400グラムと考えるとずいぶん多い気もするけれど、あっけないほどあっさり食べてしまった。店の雨宮兄弟にも今年は取材でたいへんお世話になり、ご縁を深める年になった。来年もまた、このかたまり肉を食べられますよう。アトリエに移動して2次会。みんな、さらによく飲んでいた。ちょっとくらい飲めたら楽しいのになあと思うけれど、酒が体に合わない下戸な僕。

12／19

晴れ

毎年恒例、べにや民芸店のしめ飾り展で、三重のしめ縄を無事に購入。自宅、アトリエ、店、姉妹宅にと、今年は4つ買い求めた。「笑門」と記されたしめ縄は1年じゅう飾っておくもので、家人と伊勢志摩を旅したときにはじめて目にし、気になったのがきっかけで毎年購入するようになった。

そして今日は『& Premium』2月号の発売日。お取り寄せ企画で「ユヌクレ」「PST」「森林ノ牧場」と、縁のある面々を紹介できた。特に姉妹からのご縁である「山元馬場商店」と「今田製麺所」を紹介できたのはうれしい。

12／20

晴れ

しのちゃんと、代々木上原の「LA PITA DE MAISON CINQUANTECINQ」でピタサンドを食べる。美味しく、気持ちのいい接客だった。またすぐに行こう。

事務仕事をあれこれ手伝ってもらいながらすませ、夜は、美雨ちゃんのマネージャー・長岡さんの誕生日を西小山の「Cizia」で祝う。終始、ほくほくした気持ちで過ごした。

家人はチョビとお留守番。用意しておいた「菊乃井」のお弁当、美味しかったとのこと。

12／21

くもり

家に帰って、豆ごはん、イカの刺身。キャベツと卵を炒めた地味なおかずは、思いのほか美味しかった。再び作って美味しいかはわからないけれど、こういう発見はうれしい。

キャベツと卵の炒めもの

●材料（2人分） キャベツ¼個／卵3個／にんにく½個／鶏ガラスープの素 小さじ1／酒 大さじ2／塩・こしょう 各適量／オリーブオイル大さじ2 **●作り方** キャベツはざく切りにし、にんにくはスライスする。フライパンにオリーブオイル半量を引いて卵を溶き入れ、中火で半熟程度に炒めて取り出す。フライパンに残りのオリーブオイルを引いてにんにくを中火で炒め、キャベツを加えてさらに炒める。大さじ1の水で溶いた鶏ガラスープ、酒を入れ、卵を戻し入れ、塩・こしょうで味を調える。

この時期はせりを食べがち。

12／22

雨のち晴れ

山の上ホテルで、
まさえさんと待ち合わせ。
「コーヒーパーラーヒルトップ」で再び、
例のノルベジェンヌを食べた。
本当に美味しい。
ストロベリーフェア期間中に、また来たい。
今年最後のピラティスを受けて帰宅、
夜はきりたんぽ鍋。

12／23

晴れ

「人舟」のパンと
シュトーレンが届いていたので、
晩ごはんはパン食にする。
スープを作ったまではいいのだけど、
刺身にエビのアヒージョ、
里いものグラタンと、
年末を前に混迷を極めた食卓。

12／24

晴れ

マカロニが大好きなスーさんから、クリスマスプレゼントをいただく。種類さまざまなマカロニを手紙に添えるなんて、素敵だなあ。その後、クリスマスケーキを受け取りに山の上ホテルへ。今年はシャルロットフレーズ。かけ足で帰宅して、ローストビーフを焼く。夜は森くんが来て、クリスマスパーティをすることになっている。食卓は、ローストビーフに唐揚げ、焼き魚、じゃがいものグラタン、シジミ汁と、わが家らしい仕上がりではないか。ケーキにはいちごのムースが入っていて、さわやかなあと味でお開きとなった。

24時からは、毎年恒例のJ-WAVE・沢木耕太郎さんの番組を聞く。いつも放送時間の半分くらいは寝ている気がする。今年は連日忙しかったこともあり、チョビをなでながら、ほとんど寝落ちしてしまった。また来年！

12／25

晴れ

朝食に、上野万梨子さんからいただいた
ジャムをあけた。
クリスマスらしい赤色、スパイスの香り。
今日は1日、家で原稿を書いて過ごしたから、
夜は余りものを使ったカレー。
余計なことは何もせず、
市販のルウを溶いた普通の味つけ、
たまにはいいね。
食後に、昨日食べきれなかったケーキ。
2日目のカレーではなく、
2日目のケーキというのも
僕はけっこう好きなのだ。

トトに会ってみたい。

12/26

晴れ

今日はライブのハシゴ。
2件目の「座・高円寺」、
笹倉慎介くんのレコード発売ライブは、
トト（猫）愛の詰まった歌が
なんとも素敵だった。
久しぶりの高円寺を歩きながら、
居酒屋に寄って帰る。
さほど美味しくはなかったけれど、
いい夜だったな。

12/27

晴れ

〝おにぎりセットの日〟（美雨ちゃんの年末コンサート）が近づいてきて、少し慌てながら買い出しに向かう。「鳥近」で鶏肉を5キロ、自分のスタミナをつけるために「日山」でステーキ用の肉も購入した。
夜は、ステーキ、ブロッコリーのチーズ焼き、菜の花のおひたしなど。チョビもちょっと、そわそわしている。

ブロッコリーのチーズ焼き

●**材料**（2人分）ブロッコリー1株／チーズ適量／調味料（オリーブオイル 大さじ1、塩・こしょう 各適量）●**作り方** ブロッコリーは小房に分けて食べやすく切り、少しかために蒸す。水けをよく切って耐熱皿に入れ、調味料で和える。チーズを散らし、180度のオーブンで焦げ目がつくまで焼く。

12／28

晴れ

明日のおにぎり用の買い出しをすませたあと、黙々と仕込みをする。束の間の晩ごはんは、刺身の盛り合わせと、イカリングフライ。具の鮭をひたすら焼いては冷まし、ほぐし身を用意していく。米をたくさん研いだら、明日に備えて早く寝るとする。

12／29

晴れ

年末コンサート「年忘れのうたとおむすび」当日。おにぎりセット付きなので、朝から炊飯器3台をフル稼働、ごはんを炊きながら、大きな揚げ鍋2つで鶏肉を揚げまくる。

コンサートが始まって、美雨ちゃんが『タベタイ』を歌ってくれた。〝タベタイもの〟をつづったこの歌詞には「要一郎さんの唐揚げ」が登場する。聞くたびにうれしい。

DEE'S HALLとしては、このコンサートが最後のイベントになる。さびしくもあるけれど、典美さんの人生美学に基づくことなので、僕はそれを素直に受け止めて、教わった美学を受け継いでいきたい。最後の最後に、典美さんお手製の黒豆と田作りをいただいた。

帰宅すると、チョビが「おにぎり、どうだった？」という感じでニャアと鳴いた。今年いちばんの思い出になったよ。

12／30

晴れ

持ち帰りきれなかった荷物を取りにDEE'S HALLへ。お疲れのようではあるけれど、少しほっとした様子の典美さんと、しばしおしゃべり。ご主人が愛用していた机と、ソファを譲ってもらえることになった。どうやって運ぼうかなあ、大門さんに相談しよう。

年始に必要なものを探しながら、ウロウロして帰宅。「山元馬場商店」のうなぎが届いていたので、夜はうなぎ、たたき山いも、なめこ汁など。滋養をとる。

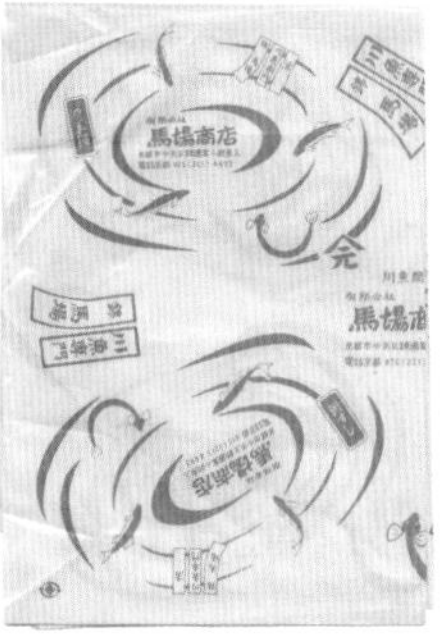

12／31

くもりのち晴れ

おにぎりに夢中で、気づいたら大みそかでびっくりした。

「都寿司」に頼んでおいた〝生おせち〟を引き取って、買い出しをしながら帰宅。黒豆と田作りはいただきもの、伊達巻きとかまぼこは高島屋の「大寅」で買い、栗きんとんだけ自分で作った。準備は整った。久しぶりに自由なお正月を迎えられる。年越しそばをゆで、生おせち（マグロの赤身・中トロ・大トロ、あわび、エビ、数の子、小肌）を並べ、筑前煮と「山元馬場商店」のうなぎ八幡巻き。誰が誰だかよくわからない紅白を見ながら、チョビとソファでのんびり過ごす。家人はアトリエで仕事をしていた。

僕の好きな『ゆく年くる年』が始まり、穴八幡のお札を貼って迎えた新年。夜中にアトリエで乾杯した。この家に越してからというも

の、年末年始は高齢の姉妹と過ごしてきたから、完全に自由なお正月は7年ぶりのこと。この1年で姉が骨折して病院に入り、姉宅から戻ったチョビと再び一緒に暮らすようになり、仕事面では料理から執筆へと舵を切り、新しい出会いもたくさんの、大きな変化の年だった。新しい年はいったい、どんな1年になるのだろう。きっと、とりとめもなく日々は続いていく。

家族で大みそか。
本年もお疲れ様でした。

麻生要一郎　あそう・よういちろう

茨城県出身。建設会社の3代目として働いたのち、知人に誘われ新島で宿を始める。これを機に料理人の道へ。その後、不思議な縁に導かれて高齢姉妹の養子となる。愛猫・チョビとともに居を東京に移し、ケータリング弁当の仕事を始めると、家庭的な味わいで人気を集める。2020年には初の著書『僕の献立 本日もお疲れ様でした』、'22年には『僕のいたわり飯』（ともに光文社）を出版。現在、雑誌やウェブなど多くの媒体で執筆をしている。

文・写真　麻生要一郎
デザイン　白い立体
編　集　平井茜

3《さん》6《ろく》5《ご》 僕《ぼく》のたべもの日記《にっき》

2024年1月30日 初版第1刷発行
2024年2月20日 2刷発行

著　者　麻生要一郎《あそうよういちろう》
発行者　三宅貴久
発行所　株式会社 光文社
〒112-8011
東京都文京区音羽1-16-6
03-5395-8172（編集部）
03-5395-8116（書籍販売部）
03-5395-8125（業務部）
non@kobunsha.com
落丁本・乱丁本は業務部へご連絡くだされば、お取り替えいたします。

印刷所　堀内印刷
製本所　国宝社

ISBN978-4-334-10204-3